民國歷史與文化研究

十二編

第 **4** 冊

民國時期書法理論轉型研究

李群輝 著

花木蘭文化事業有限公司

國家圖書館出版品預行編目資料

民國時期書法理論轉型研究／李群輝 著 -- 初版 -- 新北市：
花木蘭文化事業有限公司，2021〔民110〕
目 4+152 面；19×26 公分
（民國歷史與文化研究 十二編；第 4 冊）
ISBN 978-986-518-301-1（精裝）
1. 書法 2. 中國
628.08   110000129

ISBN-978-986-518-301-1

9 789865 183011

民國歷史與文化研究
十二編 第 四 冊   ISBN：978-986-518-301-1

民國時期書法理論轉型研究

作　　者　李群輝
總 編 輯　杜潔祥
副總編輯　楊嘉樂
編　　輯　許郁翎、張雅淋　美術編輯　陳逸婷
出　　版　花木蘭文化事業有限公司
發 行 人　高小娟
聯絡地址　235　新北市中和區中安街七二號十三樓
　　　　　電話：02-2923-1455 ／傳真：02-2923-1452
網　　址　http://www.huamulan.tw 信箱 service@huamulans.com
印　　刷　普羅文化出版廣告事業
初　　版　2021 年 3 月
全書字數　117823 字
定　　價　十二編 4 冊（精裝）台幣 12,000 元

民國時期書法理論轉型研究

李群輝 著

作者簡介

李群輝，湖南慈利人，中國人民大學美學（書法）博士，中國社會科學院博士後，現供職於開明出版社，中國書法家協會會員，中央文史館書畫院「民國鉤沉」課題組研究成員，中國人民大學藝術學院、國務院辦公廳老幹局特聘書法教師。學術論文《民國書法批評的反思與重構》入選 2017 年當代書法批評蘇州論壇，並在《中國書法》、《漢字文化》、《造型藝術》等核心期刊上發表多篇學術文章，參與編寫《蘇軾行書集字對聯》、《吳大澂金文集字對聯》等字帖叢書。

提　　要

　　民國時期的書法理論承前啟後，從縱向來看，民國書論對古代書論成果尤其是晚清以來的書學觀念進行批判性繼承，保證了書法理論的歷史延續性；民國學者用辯證的態度對碑帖關係進行重新整理與闡釋，碑帖結合的理念逐漸深入人心，進而促使書法創作進入一個更加寬闊的境地；從橫向看，民國學者尤其是受到西方文藝理論影響的一批人，開始運用康德美學、文藝心理學等理論方式來解釋中國傳統文藝現象，或者將其與中國傳統學說結合而形成兼具中西色彩的文藝理論，這種文化交融顯得富有國際性視野。

　　本文將民國書論與古代書論的主要內容進行對照，找出民國時期在書法本質、書法價值和前途、書法創作和書法品評等方面呈現出來的新思路和新觀念。

　　「書法的本質是什麼」的提出，最直接原因是因為西方文藝體系裏面沒有書法這一門類，其根源還在於書法與生俱來的泛文化特徵，這是民國書法理論最明顯也是最重要的一個特徵。關於書法價值和前途的討論也異常激烈，這一定程度上反映出民國學者對生存和命運的審視與思考。

　　在書法創作觀念上，民國學者提出以下四個主要論點：碑學和帖學難以涇渭分明；碑學未必盡善盡美；書法能否成為典型與碑帖的拓本無關；碑帖之間可以取長補短。民國書法創作理論的轉變主要表現為兩條線索：第一條線索是「理」，他們將藝術總的原則提到最重要的位置，說明當時的藝術家和學者對書法藝術的創作思想具有明顯的前瞻性；第二條線索是「用」，這一時期對新出土的甲骨文、漢簡以及敦煌寫經書法的借鑒和運用逐漸流行。

　　民國時期的學者開始追問藝術審美的普遍原則和藝術批評的基本標準，張宗祥、劉咸炘等人傾向對古代書法品評方法進行理論上的分析，他們提出兩大主要論點，一是反對以派別歸屬論書，一是反對以時代先後論書。

　　綜上所述，民國時期書法理論具有明顯的現代轉型意味，民國學者綜合中西文藝思想，視野十分寬闊，取得大量優秀成果的同時也為以後的書法理論研究奠定良好的現代學術基礎。

目次

緒　論

0.1　論文題目所涉及的研究對象（範圍）

本文旨在對民國時期書法理論包括本質論、價值和前途論、創作觀以及品評觀等方面相對於古典書論的轉變做出詳細整理和探討。

0.2　論文題目選擇的依據和理由

民國時期，中國學者受到西方思想強有力的衝擊，東西方文化在相互碰撞中擦出時代的火花，書法領域正是在這樣的背景下出現前所未有的問題。民國書法理論研究在本體論、創作觀念、批評觀念、教育觀念、書學史論各方面開始轉型，而當前關於民國時期書法理論轉型的研究成果並不多見，本文旨在通過對民國時期書法理論從傳統到現代思維方式的演化線索進行梳理和探究，來揭示民國書法理論呈現出不同以往的特徵，來還原民國學者對書法的認識和理解。本體論轉型關鍵在於對書法的文化定位產生追問，這與新文化運動時期對中國漢字的興廢直接相關；創作論方面，首先創作思想呈現出來的是從維繫經藝、繼承古法到現代反思的轉變，另外創作趨向從崇尚碑學到碑帖結合進行轉變，這裡存在的一個重要問題是在書法本體的認識出現重大變更的同時，書法批評依然延續古典模式，但民國時期批評論開始呈現出明顯的藝術學理論轉向。教育論方面則明顯受到當時新興學科的影響，心理學和統計學的方法被廣泛應用到書法教育工作中來。書學史撰寫體例的變

化主要集中在 20 世紀 30 年代書法史學研究領域，書法史學的總結和敘述方式在這一時期呈現出現代學科體系化傾向。西學東漸進程中現代科學的輸入是民國書法理論轉型在思想方面最為直接的因素，另外新出土的書法文物、書法商品化的發展、書畫報刊以及書法社團的興起都在很大程度上推動了這一轉型，本文試圖通過對民國書法理論的成果及其轉型情況和轉型原因進行分析，來引發當下我們對書法本身存在的方式和意義、創作和批評及其前途的深入思考。

0.3　關於「民國時期書法理論」的界定

按照通常的劃分辦法，民國時期是指 1911～1949 年，所以本書所探討的對象主要是出現在這一時期的書法理論和觀點，所收集引用的材料也主要是寫於這一期間的文章著述，不在這一期間的材料，本文論證過程中儘量不予採用。其中會涉及到兩個問題，

首先，有一部分由晚清到民國的重要書法理論家，諸如沈曾植、李瑞清、曾熙、鄭孝胥、康有為等，他們在民國生活的時間較短，其書學觀念基本形成於民國之前，例如康有為的書學觀念主要體現在其《廣藝舟雙楫》當中，此書寫成於光緒十七年也就是 1891 年，因此本文將康有為主要的書學觀念歸為晚清時期；又如對甲骨文、流沙墜簡的研究多在民國以後，因此本文將李瑞清、鄭孝胥等人關於甲骨文和漢簡的書學觀念歸為民國時期。

第二，還有一部分書法理論家生活在民國以及建國之後，例如郭沫若、宗白華、朱光潛、沈尹默等。例如郭沫若和沈尹默都是當時著名的書家，在民國時期以及新中國成立之後都有重要書法論斷，本文則只對他們發表於民國時期的書學觀念做出整理和論述；宗白華曾經發表過幾篇專門論述書法美學思想的文章如《中國書法的美學思想》、《中國書法的藝術性質》，但都是寫於六十年代之後，雖然其美學思想在民國時期已經確定方向和規模，但由於這兩篇文章沒有出現在民國時期，所以本文在論證宗白華的書法觀點的時候只能忍痛割愛沒有引用這兩篇文章，而是選擇從宗白華寫於民國時期的《書法在中國藝術史上的地位》、《與沈子善論書》、《中國藝術意境之誕生》等寫於民國時期的文章作為論據。

從民國文人的日記、信件的字裏行間我們會發現，民國文人對書法的態

度依然是延續前人為主，書法的價值觀還是主要體現為內省、陶遣，書法的創作還是延續之前的臨習古代碑帖，書法的批評也習慣性會與人品、學養掛鉤。但是民國時期書法理論又開始具備現代啟蒙色彩，民國文人對書法價值的反思以及對前途的關心前所未有，創作觀念與現代美術開始產生關聯，書法批評也開始帶有明顯的現代美學特點以及現代批評史觀意味。

從整體來看，在書法理論轉型過程中，真正起到推動作用的理論家大多出生於清代光緒年間，他們早年經歷過較為嚴格的傳統教育，後來在日本或者歐美留學時接受民主、科學的新思想，他們的知識結構和思維方式可以說與老一輩學者截然不同，這批書法理論家將中國書學的優良傳統與西方新興的藝術學理論相結合，呈現出新鮮的學術風氣。代表人物有梁啟超、李叔同、宗白華、朱光潛、鄧以蟄、林語堂、林風眠、張蔭麟、白蕉、豐子愷、陳康、陳彬龢等。

0.4　主要文獻綜述

本文關於民國時期書法理論方面資料的搜集以文集、書論集等出版物為主，重要的文集有《王國維文集》、《羅雪堂合集》、《宗白華全集》等，重要的書論集有《民國書論精選》、《歷代書法論文選續編》、《明清書論集》等；以電子資料為輔，其中電子資料以《民國期刊全文數據庫》和《大成老舊刊》為主要來源，民國時期各種報刊上刊登的有關書法藝術的文章數量不少，而尤以專門研究書法的刊物《書學》最為重要。

當代對民國時期書法史論的研究整體看來還處於初步階段，相對於對唐宋、明清時期的書法研究，更顯得投入不足，但不可否認的是在如此大背景下依然存在顯著的研究成果，下文將對其進行簡要陳述。

孫洵《民國書法史》由兩根主線包括民國書法研究和書法創作發展狀況考察組成，涉及到的書法理論研究主要有對民國書學出版物的考察，作者認為大致可以分為三類：一是舊學模式，二是新出土資料，三是新視角、新課題，例如林語堂《中國人》《蘇東坡傳》等；這一時期有幾種重要的刊物包括主持人余紹宋在 1934 年創刊的《東南時報　金石書畫》以及沈子善為主編的《書學》雜誌；另外三十年代中國標準草書社、中國書學研究會等書畫社團的興起是這一時期的一個特點。書法雜誌報刊以及書法社團也成為民國時期

書法理論的重要載體和傳播途徑。

　　陳振濂主編《近現代書法史》指出民國初期書法亦然很少考慮橫向的「共時」立場的借鑒，繼續保持著縱向承啟發展的基本模式以及復古尚古的基調，較少出現對本身意義的反思以及對本身發展創新的思考。一方面西方文化（外部力量）難以介入，一方面傳統文化（內部力量）缺乏反思，所以導致民國初期的書法理論缺乏新意。而與此同時，書寫工具的轉變（鋼筆的運用）、書寫內容的變革（漢字拉丁化以及白話文的使用）等等促使書法進行重新考量生存環境與發展趨向。但對比這一時期的理論成果，可以發現一些問題，例如：事實與陳振濂先生提出的書法很少考慮橫向立場這一觀點相左，胡小石的《中國書學史緒史緒論》明確提出書與畫的區別以及書法與音樂在抽象藝術領域的相似性。問題是既然看出來書法同時具備具象性與抽象性，那它究竟會不會走向造型藝術或是抽象藝術呢，還是繼續保持傳統的書寫性呢，那一旦書法的實用性徹底喪失以後是否還存在書寫性這一說法呢，事實是缺乏這樣的追問，書法品評也相對較為滯後，更多的是繼續沿用老一套說法。

　　劉宗超《民國書風概說》主要針對民國時期的書法創作風格做出分類並予以討論，開篇即說明該文的重點是論述民國後期（1927 年以後）的書法家群體，理由是民國前期書法風氣多為延續晚清，而民國後期書家群體以其獨特面貌更能代表時代新風，作者稱之為「民國書風」。「民國書風」體現以下鮮明特點：一是由於時代變遷、戰亂頻繁，古代那種優越嫻雅的文人環境不復存在，民國新興文人從心態上對待書法較為隨意灑脫；二是從整體風格上看，隨著人們對碑學的客觀評價以及帖學的逐漸復興，民國文人對手札更為鍾愛，小巧流利的風氣更為盛行，民國書風呈現出細膩柔和的特徵傾向；三是個性的自然流露帶來書法風格的多元化，民國文人在社會劇變的背景下經歷各不相同的人生軌跡，于右任、李叔同、魯迅等人的書法風格基本能夠反映出當時各自的心理狀態；四是從具體來看，民國書家的用筆以及字勢結構具有個性化特點，他們往往不再拘泥於某家某派，而是在隨意適性當中找到實用與藝術表現的一種平衡，因此整體上具有別出新意的時代風氣。此外，劉宗超提出「民國書風」的創造群體是以文人學者型書家為主，他們博聞強識學貫中西，其作品不經意間就會流露出深厚的學養之氣，往往呈現出一種古雅深邃的格調。另一個重要群體是畫家群體，他們常常直抒胸臆感情熱烈，注重藝術表現性和形式感，其作品往往呈現出奇

崛怪異、生動潑辣的風格特徵。

曹建、徐海東等著的《20 世紀書法觀念與書風嬗變》，詳細討論文字改革、印刷術、考古發現、畫風轉變、美學思想、書法教育對於 20 世紀書法觀念的影響，進而及於書法風格嬗變的討論。在概論當中，作者論述書風丕變與中國人的自信力的關聯問題，提出民國書法的觀念與後碑學特徵、20 世紀下半葉書法觀念與書風的多元化特徵；文字改革勢必對書法領域面臨前所未有的挑戰，作者從漢字革命論、漢字簡化與 20 世紀新的書法觀念之間的關係進行探析；作者分析 20 世紀印刷術與書法觀念之間的聯繫，而且 20 世紀考古發現與書法觀念密切相關，作者分別從甲骨文、簡帛殘紙、敦煌遺書的最新發現等方面論述書法觀念的發展變化情況；畫家書法觀念在這一時期具有較強的代表性，作者著重論述 20 世紀畫家書法的金石化觀念、古典化觀念和形式化觀念以及書法在 20 世紀畫家視野中的地位變遷；西方文藝思潮與書法美學的發展是這一時期的亮點，作者分別論述西方文藝思潮與 20 世紀上半葉和下半葉書法美學之間的聯繫。

姜壽田《民國書法思想史論》首先提出中國書學由古典形態向近代形態轉換的標誌就是碑學的興起，而清代晚期碑學興起僅僅是書法審美的變更而沒有對書法本身存在的意義產生懷疑，但民國以後，隨著學科劃分的明晰，書法泛文化意義開始消失，書法本體出現生存危機，書法是否成為一門藝術遭到徹底的懷疑；作者認為民國書法理論呈現出來的是自我沉淪以及貧乏的狀態，直到 1927 年梁啟超《書法指導》從大美術的角度論證了書法的現代美學性質，這種貧乏的情況才有所改觀；總體來說，作者認為民國書法理論研究包括書法美學和書法史學兩大部分，一方面書法美學和書法史學各自為戰，另一方面書法美學迅速崛起並迅速敗落，背後的原因是文化的特殊規定性；在他看來，書法史學研究和實用性研究仍然是主流，具體反映在以下幾方面：1，碑學的近代思辨性回歸導致乾嘉考據學派研究模式的全面崛起；2，甲骨文、金文以及敦煌漢簡的研究成為熱點，3，三四十年代，沙孟海《近三百年的書學》、馬宗霍《書林藻鑒　書林紀事》、祝嘉《書學史》、胡小石《中國書學史緒論》等重要文章陸續面世。

祝帥《中國書法史研究的歷史生成——以王岑伯、沙孟海、孫以悌、胡小石、祝嘉為例》一文對民國時期重要書法理論家的書法專著進行比較研究，整體把握民國時期作為現代學科意義的書法史生成的前因後果，對沙孟海、

胡小石等書法理論家的成果作出客觀評價，尤其對沙孟海《近三百年來的書學》開創中國書法斷代史之功以及祝嘉《書學史》的編寫中國書法通史的集時代之大成予以高度肯定。這篇文章旨在探究中國書法史這門「學科」的生成機制究竟為何？古代敘述書法史的方式與現代意義上的書法史研究之間究竟是一種什麼樣的關聯？現代意義上的「中國書法史」的研究，從學科生成到學科建構，中間究竟經歷了怎樣的過程？祝帥一文認為真正具有現代意義上書法史的形態的獨立著述，在整個中國古代書法史上，要一直到康有為的《廣藝舟雙楫》那裡才開始初現端倪，而這本身也是「西學東漸」之初，西方現代意義上的學術理念在書法研究領域中的一種回應。康有為引西方的文字學、語言學理論，來比附於中國書法的解說，這對於書法學術史來說，具有拉動書學研究朝著現代學術的方向進展之「範式轉型」的意義，而從書法史的角度來看，現代意義上一部敘述完整的「書法史」，亦在這種論述中具備了雛形。張宗祥在《書學源流論》從字體、物異、時異諸方面入手結構全篇，從中能夠見出作者對於現象背後的深層原因的理論解釋和把握，加之該書是一部獨立的談論「書學源流」的文字，而沒有加入過多的技法闡述或者感悟式的點評，使得它在書法史學史上應該具有一定的地位。王岑伯《書學史》明確地把「書之源流」作為論述的核心，而對「作書之法」付之闕如，祝帥一文認為這具有書學研究之「範式更新」的意義，是書法史著作獨立的一個重要標誌。

黃映愷《20世紀書法美學的建構與反思》對一百年以來書法美學理論的發展與變遷進行詳細整理並做出深入探析，其中第一章《1900～1949年的書法美學建構與反思》主要論述民國時期書法美學理論從古典到現代的轉變。黃映愷一文論證詳實、層次分明，作者認為民國時期書法美學理論轉變過程中王國維、梁啟超具有奠基之功，張蔭麟、宗白華、林語堂可謂中堅力量，而蔡元培、朱光潛、蔣彝等人則有推波助瀾之勢。另外，此文對民國時期書法美學的思想來由尤其是西方文藝理論對民國學者的影響進行追根溯源，將這一時期書法美學的研究推到一種新的高度，例如他對張蔭麟《中國書藝批評學序言》中書法美學觀念的研究十分深入，在談及張蔭麟關於書法的藝術分類問題時他詳細論證了英國美學家鮑桑葵藝術形式理論對他的影響和約束。同樣，在論及宗白華書法美學思想時，作者認為宗白華早年受狄爾泰、柏格森、康德等生命哲學影響，後來與中國傳統哲學裏「重生」、「創生」理論相結

合，方才形成宗白華獨具特色的書法美學觀念。最後，作者還從方法論層面
對民國時期學者的書法美學理論展開討論，觀點直截了當十分精彩，例如，
作者認為王國維關於「古雅」美學理論的思考可以為書法美學研究提供一種
很好的啟示作用，那就是從書法的外部出發，用大美學原理看待書法問題，
會給書法的藝術普遍性研究帶來幫助，但同時也會影響書法審美的特殊性。
而梁啟超對於書法美的分析性思維更是改變了傳統的書法理論方式，古代人
往往立足於意向思維，對書法美的討論通常運用直覺和頓悟的方式，梁啟超
則轉變為一種邏輯分析式的方法，通過概念和範疇的運用使得書法審美明確
化、具體化。

　　徐清《沙孟海書學思想與二十世紀前葉中國新學術》一文圍繞沙孟海書
學思想的形成與二十世紀前期其他學科的發展之間的關係展開論述，認為沙
孟海在書法斷代史、書體演變史等多方面取得的研究成果受到當時生物學、
遺傳學和考古學等新興學科的影響和啟發。例如，自古以來關於書體演變幾
乎都持一種直線性演變觀念，將書體的出現歸功於個人的創造，而生物學研
究成果表明生物的進化歷程不是直線的、階段性的，而是複雜的、樹枝狀的，
沙孟海正是借鑒了生物學的進化原理對以往的書體演變觀予以反思並做出新
的推斷。同樣，二十世紀二十年代興起的考古學無論從思維上還是研究方法
上都對沙孟海影響深遠，從沙孟海研究論文中對瑞典著名地質學家安特生的
提及便可見一斑。

　　吉德昌碩士論文《民國時期章草理論之研究》以民國時期幾位重要的章
草理論家為主線，對他們關於章草的研究成果進行較為詳盡的整理，其中對
工世鏜《稿決集字》、《論草書章今之故》、卓定謀《章草考》以及劉延濤《章
草考》更是不惜以重墨勾勒。作者還對民國時期章草理論整體特點以及對後
世的貢獻進行簡要論述，可以說這篇文章基本還原了當時章草理論研究的真
實情狀。

　　另外，關於民國時期書法理論家的個案研究也正在逐步展開，例如張永
彬的碩士論文《張伯英書學觀研究》、王德寶碩士論文《張伯英書法理論與實
踐研究》、孟宇碩士論文《沈尹默書論研究》、王成聚碩士論文《論梁啟超的
書學思想及實踐》等等。

第 1 章　古典書法理論在民國時期的變遷

1.1　中國古代書法觀念概況

1.1.1　古代書論所涉及到的主要內容

　　整體來看，古代書論主要圍繞著書體的演變、書法家的傳承關係、書法品評、書寫技巧等方面展開論述，古代人的書法觀念也自然蘊含其中。

　　首先，書體的淵源流變以及各種書體的描述刻畫在古代書論中一向佔據重要位置，古代書法理論家企圖通過對各種書體的歸根溯源來解釋書法的生成與變遷，這樣一種論述方式將主要的書法史梳理得井井有條，便於讓後來的學書者對古代書法的發展脈絡和人文環境有較為清晰的認識。尤其是魏晉南北朝時期，書法意識已經十分自覺，與之相應的書法理論也是精彩紛呈。成公綏所作《隸書體》指出篆書和草書具有明顯的弱點，稱讚隸書繁簡適中、規矩有則，簡便實用而形體美觀。[註1] 索靖《草書勢》則對草書的來由做出解釋，提到草書的興起主要在於對篆書的簡損，稱「科斗鳥篆，類物象形，睿哲變通，意巧滋生。損之隸草，以崇簡易，百官畢修，事

〔註1〕成公綏《隸書體》，《歷代書法論文選》，上海書畫出版社，1979 年 10 月，第 9 頁。原文稱「蟲篆既繁，草蘽近偽，適之中庸，莫尚於隸。規矩有則，用之簡易。隨便適宜，亦有馳張，操筆假墨，抵押毫芒。彪煥碟硌，形體抑揚，芬葩連屬，分間羅行。」

業並麗。」〔註2〕並對草書形體稱讚有加，描述草書「婉若銀鉤，飄若驚鸞，舒翼未發，若舉復安。」〔註3〕南朝梁武帝蕭衍所作《草書狀》認為草書起源在於急就，稱「昔秦之時，諸侯爭長，簡檄相傳，望烽走驛，以篆隸之難不能救速，遂作赴急之書，蓋今草書是也。」〔註4〕唐代張懷瓘《書斷》上卷列古文、大篆、籀文、小篆、八分、隸書、章草、行書、飛白、草書共十種書體，分別論述其源流並對各種書體予以總結稱讚。

第二，我們發現古代書論對書法家世代相傳的脈絡體系十分關注，可以說從一開始，古代書法觀念中就有突出「人」的傾向，這種傾向能夠保證書法家及其相對應的書法風格在傳播過程中的延續性。早在西晉時期，衛恒就作《四體書勢》專門梳理古文、篆書、隸書、草書的變遷過程中所對應的重要書家，大致來說，衛恒認為在黃帝造物之時，就有沮誦、倉頡開始以書契代結繩，周宣王時期史籀著大篆十五篇；至秦代大一統，李斯、趙高、胡毋敬齊力改成小篆；秦末程邈創造隸書，之後王次仲始作楷法，師宜官、梁鵠、邯鄲淳皆稱名於當時；漢興而有草書，先有杜度、崔瑗、崔寔，後有張伯英等書家引領潮流。〔註5〕稍後的江式作《論書表》，從庖犧氏、軒轅氏原始圖畫出現到倉頡造字史籀作篆，直至後來秦漢時期李斯、程邈、蔡邕等名家更替，詳解書體書家的演變發展過程，實際上與衛恒大同小異，都將書體的更新歸功於歷史上天才們的創造。〔註6〕顯然，這種論述方式對後來的書論家產生深刻的影響，我們從唐代的張懷瓘、蔡希綜的書論文章中能夠輕易找到他們之間的關聯。張懷瓘將各種書體的創造者以及重要繼承者進行整理論述，〔註7〕本文用簡單圖表的形式予以說明（見表一）。

〔註2〕索靖《草書勢》，《歷代書法論文選》，上海書畫出版社，1979年10月，第19頁。

〔註3〕索靖《草書勢》，《歷代書法論文選》，上海書畫出版社，1979年10月，第19頁。

〔註4〕蕭衍《草書狀》，《歷代書法論文選》，上海書畫出版社，1979年10月，第79頁。

〔註5〕衛恒《四體書勢》，《歷代書法論文選》，上海書畫出版社，1979年10月，第12～16頁。

〔註6〕江式《論書表》，《歷代書法論文選》，上海書畫出版社，1979年10月，第63～67頁。

〔註7〕張懷瓘《六體書論》，《歷代書法論文選》，上海書畫出版社，1979年10月，第212～214頁。

（表一）

	創造者	重要書法家
大篆	史籀	李斯、蔡邕
小篆	李斯	曹喜、蔡邕
八分	王次仲	蔡邕、張昶、皇象、鍾繇、索靖
隸書	程邈	鍾繇、王羲之、王獻之
行書	劉德升	鍾繇、王羲之、王獻之
草書	張芝	王羲之、王獻之

　　蔡希綜則在此基礎上對王羲之父子以後直至唐代初年的重要書家予以補充，將東晉至初唐的書法家譜系進行簡要勾勒，稱「宋齊之間王僧虔、羊欣、李鎮東、蕭子雲、蕭思話、陶隱居、永禪師；唐初房喬、杜如晦、歐陽詢、虞世南、陸柬之、褚遂良、薛稷，其次有琅琊王紹宗、潁川鍾紹京、范陽張廷珪，亦深有意焉。」〔註8〕後世對書家脈絡進行梳理通常都是採用這樣一種體例，在此不一一贅述。

　　第三，古往今來，書法品評觀念體現了不同時代人們對書法優劣高下的看法和依據，毫無疑問它是書法理論體系當中很重要的組成部分。早在南朝宋齊年間，羊欣、王僧虔、袁昂等人的論書文章中就呈現出來當時流行的人物品藻特徵，羊欣《採古來能書人名》主要對東漢、魏晉的名家進行整理並作簡要評定，第一次提出「（王獻之）骨勢不及父，而媚趣過之」這一重要評價概念。〔註9〕王僧虔則提出「天然」與「工夫」又一組重要的書法品評概念，他在對宋文帝進行品評的時候運用了這一概念，稱「時議者云：（宋文帝書）天然勝羊欣，工夫不及欣。」〔註10〕另外對孔琳之進行品評的時候兩次運用

〔註8〕蔡希綜《法書論》，《歷代書法論文選》，上海書畫出版社，1979 年 10 月，第270 頁。

〔註9〕筆者按，之所以說「骨勢」與「媚趣」這一組針鋒相對的評價概念十分重要，是因為它對後來書法品評產生極為深遠的影響，無論是唐代的孫過庭、張懷瓘，還是元明的趙孟頫、傅山，直到民國時期余紹宋等人都曾圍繞這一對概念作出深入探討，其根本原因是它涉及到書法審美和文化品格的核心問題，「質」和「妍」、「厚」和「弱」等書法品評概念都與其有莫大關聯。

〔註10〕王僧虔《論書》，《歷代書法論文選》，上海書畫出版社，1979 年 10 月，第 57 頁。

這一概念：第一次稱「孔琳之書，天然絕逸，極有筆力，規矩恐在羊欣後。」〔註11〕第二次稱「孔琳之書，放縱快利，筆道流便，二王後略無其比。但工夫少，自任過，未得盡其妙，故當劣於羊欣。」〔註12〕結合兩次評價結論來看，王僧虔所指「天然」應當是自然而然、擺脫拘泥約束的意思，而「工夫」則與「規矩」相近，有人工布置安排的意思。從王僧虔對孔琳之和羊欣二人的比較來看，「工夫」與「天然」都十分重要，「工夫」的地位似乎稍高一籌，這一組概念顯然對唐代孫過庭的書學思想產生深刻影響。

袁昂《古今書評》採取了典型的魏晉以來對人物精神風貌的論述方式，例如：

> 「王右軍書如謝家子弟，縱復不端正者，爽爽有一種風氣。」
〔註13〕

> 「王子敬書如河、洛間少年，雖皆充悅，而舉體沓拖，殊不可耐。」〔註14〕

> 「羊欣書如大家婢為夫人，雖處其位，而舉止羞澀，終不似真。」〔註15〕

而他對鍾張二王的定位也成為後來書論家所模仿的範本，他說「張芝驚奇，鍾繇特絕，逸少鼎能，獻之冠世，四賢共類，洪芳不滅。」〔註16〕

此外，古代書法品評著述當中不乏體系完整之作，典型如庾肩吾《書品》、李嗣真《書後品》、張懷瓘《書斷》、朱長文《續書斷》等，評定書法高低，將歷代書家劃分為不同等級。其中南朝庾肩吾借用《漢書 人物表》的體例，首次將歷代書家分成九個等級，分別是上之上、上之中、上之下、

〔註11〕王僧虔《論書》，《歷代書法論文選》，上海書畫出版社，1979 年 10 月，第 59 頁。
〔註12〕王僧虔《論書》，《歷代書法論文選》，上海書畫出版社，1979 年 10 月，第 60 頁。
〔註13〕袁昂《古今書評》，《歷代書法論文選》，上海書畫出版社，1979 年 10 月，第 73 頁。
〔註14〕袁昂《古今書評》，《歷代書法論文選》，上海書畫出版社，1979 年 10 月，第 73 頁。
〔註15〕袁昂《古今書評》，《歷代書法論文選》，上海書畫出版社，1979 年 10 月，第 73 頁。
〔註16〕袁昂《古今書評》，《歷代書法論文選》，上海書畫出版社，1979 年 10 月，第 75 頁。

中之上、中之中、中之下、下之上、下之中、下之下，其中將張芝、鍾繇、王羲之置於上之上，他稱「兼撮眾法，備成一家，若孔門以書，三子入室矣，允為上之上。」〔註 17〕初唐李嗣真在庾肩吾的九品之上增加「逸品」為最高等，將張芝、鍾繇、王羲之、王獻之四人置於「逸品」，稱「右四賢之跡，揚庭效伎，策勳底績。神合契匠，冥運天矩，皆可稱曠代絕作也。」〔註 18〕李嗣真另一重要貢獻是他對部分書家（逸品和上上品）的品評是建立在對他們各自擅長書體的分析之上，例如評張芝以其章草，評鍾繇則以其正書，這種分門別類的方式體現出古人論書嚴謹的一面。唐代中期張懷瓘《書斷》按照書法家的成就將歷代書家分為神、妙、能品三個等級，同樣採取了每品都以書體區分的模式，並對所有書家配以小傳，記述十分詳備，體例相當完整，後來的書法著述大都延續了張懷瓘的這樣一種品評模式。宋代朱長文《續書斷》正是模仿張懷瓘《書斷》的體例，對唐宋以來的書家按神、妙、能三品進行劃分等級一一評論，他將顏真卿、張旭、李陽冰三人置於神品，若深入分析他對此三人的評論，我們能夠發現他對於書法家人格的看重，例如，評論顏真卿謂「其發於筆翰，則剛毅雄特，體嚴法備，如忠臣義士，正色立朝，臨大節而不可奪也。」〔註 19〕評價張旭謂「其志一於書，軒冕不能移，貧賤不能屈，浩然自得，以終其身。」〔註 20〕無論是按照上、中、下再細化分為九品還是神、妙、能、逸品格劃分，以及如何對歷代書家進行評定，實際上都蘊含當時的書法審美傾向和當時人文環境特點，當代部分學者也正在對其中的微妙之處展開探析。

　　第四，在我國古代，學書方法問題幾乎是所有人需要面對的問題，書寫狀態與環境、取法對象、書寫技巧等等都是學書方法當中最引人關注的內容。例如傳為蔡邕的《筆論》稱：「書者，散也。欲書先散懷抱，任情恣性，然後書之；若迫於事，雖中山兔毫不能佳也。夫書，先默坐靜思，隨意所適，言不

〔註 17〕庾肩吾《書品》，《歷代書法論文選》，上海書畫出版社，1979 年 10 月，第 87 頁。

〔註 18〕李嗣真《書後品》，《歷代書法論文選》，上海書畫出版社，1979 年 10 月，第 135 頁。

〔註 19〕朱長文《續書斷》，《歷代書法論文選》，上海書畫出版社，1979 年 10 月，第 325 頁。

〔註 20〕朱長文《續書斷》，《歷代書法論文選》，上海書畫出版社，1979 年 10 月，第 325 頁。

出口，氣不盈息，沉密神采，如對至尊，則無不善矣。」〔註 21〕

唐太宗李世民也對書寫過程的心理狀態有過精彩描述，他稱：「夫欲書之時，當收視反聽，絕慮凝神。心正氣和，則契於玄妙；心神不正，字則敧斜；志氣不和，書必顛覆。其道同魯廟之器，虛則敧，滿則覆，中則正。正者，沖和之謂也。」〔註 22〕

書寫技巧的整理與論述在各個朝代都不乏精彩之作，唐代尤為盛行，歐陽詢、虞世南、顏真卿等書法名家都有專門講授筆法的書法著述，例如顏真卿《述張長史筆法十二意》一文，描述了顏真卿請教張旭筆法問題的經過，張旭以問答的方式傳授其筆法的精妙所在，最後提出「如印印泥」、「如錐畫沙」的著名論斷。〔註 23〕陸羽《釋懷素與顏真卿論草書》則提出「坼壁路」、「屋漏痕」兩個有關筆法的著名論斷。〔註 24〕

古人對於用筆之法的探討首先關注握筆法，唐代韓方明《授筆要說》詳細歸納握筆姿勢並加以論述，認為握筆不外乎五種方式，〔註 25〕本文將以圖表形式對其說明（見表二）。

（表二）

握筆方式	技術要領
執管	平腕雙苞，虛掌實指；
捔管	五指共捔其管末，用於藁草。
撮管	與捔管相似，用於大草書或圖幛。
握管	撚拳握管與掌中，懸腕以肘力相助。
搦管	從頭指至小指，以管於第一、二指節中搦之。

〔註 21〕蔡邕《筆論》，《歷代書法論文選》，上海書畫出版社，1979 年 10 月，第 5～6 頁。

〔註 22〕李世民《筆法訣》，《歷代書法論文選》，上海書畫出版社，1979 年 10 月，第 118 頁。

〔註 23〕詳見顏真卿《述張長史筆法十二意》，《歷代書法論文選》，上海書畫出版社，1979 年 10 月，第 277～280 頁。

〔註 24〕詳見陸羽《釋懷素與顏真卿論草書》，《歷代書法論文選》，上海書畫出版社，1979 年 10 月，第 283 頁。

〔註 25〕韓方明《授筆要說》，《歷代書法論文選》，上海書畫出版社，1979 年 10 月，第 286～287 頁。

　　林蘊《撥鐙序》則提出著名的「撥鐙法」，要訣是推、拖、撚、拽四個字，強調意在筆先，順勢而生，稱「大凡點畫，不在拘之長短遠近，但無遏其勢。俾令筋骨相連，意在筆前，然後作字。」〔註 26〕後世論書者對執筆法也一向熱衷，清代朱履貞《書學捷要》、包世臣《藝舟雙楫》中對此都有精彩論述，何紹基的回腕執筆法更是被書法愛好者津津樂道。

　　另外，大量書論著述對點畫、結構的書寫要點進行詳細解釋，並以「法」、「訣」等文體予以表達，如歐陽詢《三十六法》、唐太宗《筆法訣》、陳繹曾《翰林要訣》等等，體現了古代人們對書寫技巧的認識和思考。

1.1.2　古代書論的表達特點

　　從表達形式上看，文學性描繪可謂是其顯著特點。書法與文字、文學與生俱來就有非常緊密的關聯，經典的書法作品不僅表現出優良的書寫技巧，往往還兼備文采與思想，同樣，古代書法理論家對書論本身的文學性尤為看重，我們幾乎能夠從任何一篇古代書論文章中看到古人對句式、文辭的考究和雕琢。古代書論常用的文體主要包括「勢」、「論」、「序」、「訣」、「品」、「賦」以及題跋、詩歌，不同的時代所用的文體不盡相同，例如唐以前的書論習慣採用「勢」，傳為蔡邕的《九勢》、衛恒《四體書勢》、索靖《草書勢》等名篇是為代表；唐代以來重視體系的完整性，出現《書譜》、《書斷》等經典著作；宋元明時期，文人以隨筆、題跋、詩歌的形式表達書法觀念為多；清代又出現《南北書派論》、《藝舟雙楫》、《廣藝舟雙楫》等鴻篇巨製。

　　古代書論採用文學性描繪的方式可謂是一把雙刃劍，文辭優美的另一面是增加了後世學書者閱讀和理解的難度，畢竟文學更多地講求句式句法的完整以及對想像力的全力展開，而語言表述的精確性和邏輯性難免有所缺失。例如上文提到的李嗣真《書後品》評價鍾、張、二王書法，採用文學性極強的語言，稱：「伯英章草似春虹飲潤，落霞浮浦；又似沃霧沾濡，繁霜搖落。元常正隸如郊廟既陳，俎豆斯在；又比寒澗豁豁，秋水嵯峨。右軍正體如陰陽四時，寒暑調暢，岩廊宏敞，簪裾肅穆。」〔註 27〕毫無疑問，從言辭語句上看，這段話非常優美，極具想像力和感染力，但讀者卻很難從這段話中找出

〔註 26〕林蘊《撥鐙序》，《歷代書法論文選》，上海書畫出版社，1979 年 10 月，第 290 頁。

〔註 27〕李嗣真《書後品》，《歷代書法論文選》，上海書畫出版社，1979 年 10 月，第 135 頁。

鍾、張、二王的書法究竟是什麼樣的情形。

在思維方式上，古代書論注重宏觀把握，講求虛實結合，往往顧左右而言他，體現出與現代藝術理論截然不同的特點。

一，古代書論注重宏觀把握，偏重形象思維。眾所周知，西方文藝理論體系是建立在追尋世界本質這一思維基礎之上，西方人習慣採用分析的方式對研究對象進行剖析，他們所擅長的邏輯推理和抽象思維是龐大的理論體系得以建立的重要基礎。而中國古代先民更習慣用發散式思維思考問題，用散點透視的方式看待周圍的事物，這樣的思維方式決定了中國人注重整體、不拘泥於細節的處事風格，古代書論自然也是如此。另外中國古人對自然萬物的喜愛以及對天人合一觀念的尊崇在書論當中也隨處可見。例如李世民《王羲之傳論》為確立王羲之至高無上的書法史地位，先對其他書家予以簡單描述，評魏晉以前書家稱「伯英臨池之妙，無復餘蹤；師宜懸帳之奇，罕有遺跡。」〔註28〕接著對同時期書家挑出問題，評鍾繇書法提出質疑，稱：「鍾雖擅美一時，亦為迥絕，論其盡善，或有所疑。至於布纖濃，分疏密，霞舒雲卷，無所間然。但其體則古而不今，字則長而逾制，語其大量以此為瑕。」〔註29〕對王獻之和蕭子雲貶低的語言更顯得十分形象，稱「觀（王獻之）其字勢疏瘦，如隆冬之枯樹；覽其筆蹤拘束，若嚴家之餓隸。子雲近世擅名江表，然僅得成書，無丈夫之氣。行行若縈春蚓，字字如綰秋蛇。」〔註30〕最後得出只有王羲之一人盡善盡美的結論，稱「觀其點曳之工，裁成之妙，煙霏露結，狀若斷而還連；鳳翥龍蟠，勢如斜而反直。」〔註31〕對以上幾人的評價言簡意賅，形象生動，包括雲霞、枯樹、餓隸、春蚓、秋蛇、龍鳳在內，涵蓋了天、地、人、物，令人驚歎不已。

二，古代書論講求虛實結合。一陰一陽謂之道，中國古人十分強調陰陽虛實的協調，古代書論在談論書法過程中也多有體現。我們從「氣」、「勢」、「韻」、「象」、「骨」、「法」這些常用的書論概念就能看出對立統一的規律，

〔註28〕李世民《王羲之傳論》，《歷代書法論文選》，上海書畫出版社，1979年10月，第121頁。

〔註29〕李世民《王羲之傳論》，《歷代書法論文選》，上海書畫出版社，1979年10月，第121頁。

〔註30〕李世民《王羲之傳論》，《歷代書法論文選》，上海書畫出版社，1979年10月，第122頁。

〔註31〕李世民《王羲之傳論》，《歷代書法論文選》，上海書畫出版社，1979年10月，第122頁。

如果「象」、「骨」、「法」表示實的一面，那我們可以說「勢」、「氣」、「韻」表示的是虛的一面。古代先民能從蝌蚪鳥跡等自然萬物中抽繹出「象」，也能從與陽舒陰慘中發現「勢」；在強調俊朗之「骨」的同時又提倡通達之「氣」；整理歸納「法」之規則，也追求「韻」之神采。從這個角度，我們就能夠理解為什麼古人在品評書法的時候同時提到「工夫」與「自然」；從這個角度，我們就能夠理解問什麼蘇軾講「書必神、氣、骨、肉、血，五者闕一，不為成書也。」〔註32〕

　　三，古代書論常常顧左右而言他。詩以言志，古人寫詩作文不外乎抒發情感、表達個人理想抱負，我們閱讀書論文章經常會覺得作者似乎不是在談論書法，而是在講述對人生的感悟、對哲學的思考。例如趙壹《非草書》，文章開頭提及漢代草書盛行，人們對草書的學習幾近癡狂，作者對此予以斥責，稱「余懼其背經而趨俗，此非所以弘道興世也。」〔註33〕如果從討論書法藝術的角度來看，這樣的理由顯然太過牽強，實際上作者根本不是在談論草書的優劣，而是談論人們癡迷草書這種行為的合理性，所以在文章結尾，趙壹說了一大串與書法含無關聯的話，表達自身的政治理想以及對人生價值的看法。〔註34〕唐代孫過庭《書譜》、張懷瓘《書斷》也經常借書法來講倫理和哲學，《書譜》對比王羲之和王獻之書法之前稱「仲尼云：五十知命，七十從心。故以達夷險之情，體權變之道，亦猶謀而後動，動不失宜；時然後言，言必中理矣。」〔註35〕對比之後又稱「自矜者將窮性域，絕於誘進之途；自鄙者尚屈情崖，必有可通之理。」〔註36〕黃庭堅稱「學書要胸中有道義，又廣之以

〔註32〕蘇軾《論書》，《歷代書法論文選》，上海書畫出版社，1979 年 10 月，第 313 頁。
〔註33〕趙壹《非草書》，《歷代書法論文選》，上海書畫出版社，1979 年 10 月，第 1 頁。
〔註34〕趙壹《非草書》，《歷代書法論文選》，上海書畫出版社，1979 年 10 月，第 3 頁。原文稱「第以此篇研思銳精，豈若用之於彼聖經，稽歷協律，推步期程，探賾鉤深，幽贊神明。覽天地之心，推聖人之情。析疑論之中，理俗儒之諍。依正道於邪說，儕《雅》樂於鄭聲，與至德之和睦，宏大倫之玄清。窮可以守身遺名，達可以尊主致平，以茲命世，永鑒後生，不以淵乎？」顯然，趙壹在這裡借批評人們對草書的熱衷，表達其齊家治國的政治抱負，實際上是孟子「窮則獨善其身，達則兼濟天下」思想的一種轉述。
〔註35〕孫過庭《書譜》，《歷代書法論文選》，上海書畫出版社，1979 年 10 月，第 129 頁。
〔註36〕孫過庭《書譜》，《歷代書法論文選》，上海書畫出版社，1979 年 10 月，第 129 頁。

聖哲之學，書乃可貴。若其靈府無程，政使筆墨不減元常、遺少，只是俗人耳。余嘗言，士大夫處世可以百為，唯不可俗，俗便不可醫也。」〔註37〕從以上所舉來看，古代人在談論書法時經常有意無意地流露出自己的價值觀、人生觀，這可以說是古代書法論述的又一個重要特點。

1.2　民國時期書法觀念的延續和變遷

1.2.1　民國時期書法觀念的延續

對書法源流的探討依然是民國時期書法理論家熱衷討論的話題。黃賓虹、張宗祥鄧以蟄、沙孟海、丁文雋、祝嘉、陳康等人繼承了前人的研究成果並有所發展，其中張宗祥《書學源流論》中「原始篇」以及鄧以蟄《書法之欣賞》、陳康《書學概論》對古文、篆、隸、楷、行、草、飛白等書體的產生及演變歷程做出較為清晰的梳理，而丁文雋《書法精論》「辨體」一節圖文並茂，將各種書體產生的淵源進行詳細解釋，又在「別流」一節中「以時代為經，以書家為緯，再以書體劃分區域，以師承判其分合」，〔註38〕將上古三代至晚清民國四千年的書法分為五期，然後在個其中對經典碑帖和著名書家予以簡要評述，條理清楚，體系較為完整。另外，在書論史上更具貢獻價值的是沙孟海的《近三百年書學》一文，他首開書法斷代史之體例，對明末清初至清末民初三百年來的三十位重要書家分為帖學、碑學、篆書、隸書、顏字五個種類分別論述，〔註39〕這種分類方式在書法史上也是獨具一格，尤為可貴的是沙孟海並沒有屈從晚清以來尊碑抑帖的風氣，而是從理論上重新提高帖學的地位，對後來的書學觀念產生巨大影響。

對於書寫技法的整理也是這一時期書論所關注的重點。

黃賓虹《筆法二則》以古人筆法要訣結合自身習書經驗，提出諸多用筆方法，可謂真知灼見，例如他對前人的筆法用自己的理解重新闡釋，總結用筆之道有以下五個要點：

〔註37〕黃庭堅《論書》，《歷代書法論文選》，上海書畫出版社，1979 年 10 月，第 355 頁。

〔註38〕詳見丁文雋《書法精論》，人民美術出版社，2007 年 6 月，第 42～108 頁。

〔註39〕詳見沙孟海《近三百年的書學》，鄭一增《民國書論精選》，西泠印社出版社，2011 年 3 月，第 47～72 頁。

　　一曰平，如錐畫沙；

　　二曰留，如屋漏痕；

　　三曰圓，如折釵股；

　　四曰重，如高山墜石；

　　五曰變，如四時迭運。〔註40〕

　　同樣十分可貴的是，黃賓虹沒有像前人一樣點到為止，而是對平、留、圓、重、變這幾種概念繼續追問並給予理論解釋，古今中外各種觀點隨手拈來，極為精彩。

　　丁文雋《書法精論》採取圖文並茂的方式，對執筆、運筆、結構各方面進行詳細講解，其中對眾多筆法的細微之處不厭其煩地以圖式加以標注說明，〔註41〕陳康的《書學概論》、俞劍華的《書法指南》等與丁氏有異曲同工之妙，他們開啟現代筆法研究之風，影響十分深遠。書法教育家沈子善出於喚起學生重新重視書法精神的目的，編寫《書學捷要》，將「執筆」、「運腕」、「選紙」、「選墨」、「選帖」等內容分別綱舉加以詮釋，〔註42〕淺顯易懂，一目了然，對書法愛好者以及初學者來說極為實用。徐謙認為歷代論用筆最精的莫過於東漢蔡邕的〈九勢〉，即藏（頭）、護（尾）、啄（筆）、磔（筆）、趯（筆）、掠（筆）、戰（筆）、鱗（筆）、勒（筆），他認為把它們用於篆、隸、楷、行、草各種書體中，都可相通。其他如陳彬龢、諸宗元等人對以往執筆、結構等書論資料整理歸納，可惜少見新意。

　　書法品評在民國時期書論當中自然也佔據重要位置。晚清遺民習慣採用題跋、詩歌論書的方式，我們從曾熙、羅振玉、李瑞清的書法題跋中能夠發現他們對歷代碑帖的來龍去脈以及風格特徵有極為深刻的認識，鄭孝胥有大量關於書法品評的論書詩，從中也能夠瞭解到其高深的藝術見解和獨特的審美趣味。

　　也有部分學者開始從品評思路和方法上有所突破，王潛剛所著《清人書評》與沙孟海的《近三百年來的書學》在方法論層面上具有相似之處，他所選清代書家書家始自王鐸止於吳大澂，突出特點是他綜合各位書家早晚期所

〔註40〕詳見黃賓虹《筆法二則》，鄭一增《民國書論精選》，西泠印社出版社，2011年 3 月，第 39 頁。

〔註41〕詳見丁文雋《書法精論》，人民美術出版社，2007 年 6 月，第 117～218 頁。

〔註42〕沈子善《書學捷要》，鄭一增《民國書論精選》，西泠印社出版社，2011 年 3月，第 155～166 頁。

書大小各種書體進行評定，相對以前書法品評顯的更加全面和客觀，例如他評價王鐸稱「大字雄放者多，其結構謹嚴者更妙。草書狂怪者多，小草書臨古而出以敬慎者尤精。隸書僅明人之書，未能入漢。真書學唐已入顏、柳之室。」〔註43〕評價笪重光謂「草書尤佳，題畫字別有意趣，行書一寸以上者佳。」〔註44〕從此可以看出王潛剛對評定對象的書體、大小、風格分門別類到十分細緻的程度，這樣的方式在書法批評史上並不多見。

1.2.2 　民國時期書法觀念的變遷

在書法觀念隨著慣性得以延續和發展的同時，由於社會環境的劇變，民國時期的書法觀念也相應出現一些質的改變，而身處社會劇變之中的部分學者自然更快地做出反應，俞劍華就明顯感受到社會節奏加快，時間變得非常寶貴，古代那種悠然自得把玩書法的生活方式顯得格格不入，所以普通人只能是在短促時間內學到一些基本書寫技巧，只有專業的書法家才有足夠的時間和精力來研究書法。〔註45〕這說明了社會分工已經給當時的書法領域帶來壓力和挑戰。最為直接的挑戰是書法家更難養成，原因在於古代生活安定、精神安閒，有利於書法家專心致志於一體，但是當下信息量大增，時間精力有限，反倒不如古時候易於成家，他稱「現在欲養成一書家，較以前更為苦難，在昔生活程度甚低，生活比較安定，精神比較安閒，故社會人士能專心於書法。今則適與相反，使人無暇鑽研，且昔之書家，於顏柳歐趙中專攻一體，即可名家，今則日益繁雜，至少亦須工真草篆隸四五種，多者至數十種。上自龜甲獸骨，鍾鼎石鼓，秦權小篆，漢書章草，下至鍾王魏碑，唐宋名家，明清高手，無不在研習之範圍。欲以有限之才力，短促之時間，而欲盡通此上下五千年之書法，豈不難乎？務博而荒，於是書家乃益少，反不如昔日之

〔註43〕王潛剛《清人書評》，《歷代書法論文選續編》，上海書畫出版社 2004 年 12 月，第 804 頁。

〔註44〕王潛剛《清人書評》，《歷代書法論文選續編》，上海書畫出版社 2004 年 12 月，第 806 頁。

〔註45〕俞劍華《書法指南》，商務印書館，民國二十三年十一月第一編「總論」第 2 ～5 頁。原文稱「在昔實用與美觀不分，國家以文章書法取士，於是學者，無論其天才之相近與否，必須費極大之努力與極久之時間，以求書法之及格。總角習之，皓首不已，書法遂稱終身之業，而書家亦因之輩出。但時至今日，社會事業，日益複雜，社會經濟，日益緊迫，時間寶貴，絕無優游長久之時間，供人研習書法，故一般人只能於短促之時間中獲得應用之技能，以為工作之輔助工具，則於願已足。」

專攻一體者之易於成就。」〔註46〕

　　回過頭來看民國歷史，除開新出土的文物材料、新引進來的照相印刷技術這些外部環境日新月異地改變以外，我們發現更為深刻的變化正在發生，那就是西學東漸在思想上和方法上對書法領域的影響和刺激，西方上看待問題以及研究學問的方式與古代中國截然不同，一方面為中國學者提供了嶄新的西方式的研究思路，另一方面也促使中國學者對古代書法觀念展開更加深入的思考和分析。所以我們從民國時期部分書論文章（尤其是有西方學習背景的學者所寫文章）就能感受到一些思維方式和表達方式的變化，例如朱光潛的審美直覺論就體現出典型的主客二元學說，張蔭麟關於書法是藝術的論證顯示出極強的邏輯分析特點，而弘一和豐子愷在書法創作觀念則具有明顯的美術化傾向。

　　總體來說，民國時期書法理論的關注點發生很大變化，主要變遷體現在以下幾個方面：

　　首先是關於書法是什麼的問題，這一問題的提出最直接原因是因為西方文藝體系裏面沒有書法這一門類，而中國文藝工作者需要對此做出回應。按照書法是否為藝術，為何種藝術，何時成為藝術這一條線索，民國學者給出一系列解釋，其中一批學貫中西的美學家對於書法美的闡釋無疑是這個時代最引人注目的成果。

　　其次，關於書法價值和前途的討論異常激烈，可以說這是民國學者對生存和命運集體思考在書法領域的一種心理投射，而當時提出的包括漢字改革、書法改良以及書法藝術學科化三條道路無疑具備極其重要的書法史意義。

　　再次，在書法創作觀念上，民國時期一條主要線索是對晚清以來獨尊碑學的質疑以及對碑帖關係的重新論證，很大程度上扭轉了人們對書法的認識，為後來書法創作進入新的境地奠定了理論基礎；此外，對創作原理的追尋和對技術的重視是民國時期書法創作理論的一大特色。

　　最後，書法品評方面，西方藝術批評理論影響甚大，民國時期部分學者將藝術心理學運用到書法的鑒賞和品評當中，從而對書法如何引起欣賞者的審美情緒做出科學性解釋；另外一個很明顯的特點是民國時期沒有出現前人常用的品格或者等級劃分，民國學者傾向對古代書法品評方法進行理論上的

〔註46〕俞劍華《書法指南》，商務印書館，民國二十三年十一月第一編「總論」第2〜5頁。

分析，而不是直接對古代名家進行評定高下，當時的學者提出兩大主要論點，一是反對以派別歸屬論書，一是反對以時代先後論書，這種理論反思甚至對當代書法品評都具備深刻的啟示價值。

那麼，民國時期書法觀念究竟如何與以往拉開距離？當時的理論家發表了哪些重要的書學觀點？這正是本文試圖論證的問題所在，本文將會對民國時期書論的主要變遷做出整理論述，而其他眾多對古人觀念的延續性描述則不在本文主要探討範圍當中。

第 2 章　民國時期的書法本質論──
對書法藝術獨立性的訴求

　　對於書法本質的問題，古代書法理論研究採用的是書寫形式上比擬、文字書體上溯源的方式，而民國書論開始採用將藝術性質抽繹歸類、將東西方藝術門類進行比較的方式；從思維構成上看，古代書法理論習慣於將書法的藝術屬性與書法的文化哲學屬性看作整體，而民國書論開始將書法的實用性、文化性、藝術性區分開來，並加強對書法藝術的獨立性的訴求。王國維感歎「美術無獨立之價值久矣」〔註1〕，實際上是民國學者對中國藝術價值質疑聲音的代表，也是對藝術獨立地位的有力訴求。具體到書法藝術，對書法獨立性的訴求集中體現在對書法形式的深入分析上面，古代往往講究「技進乎道」、「神采為上形質次之」，而受康德「美即形式」論等西方藝術觀念影響的民國學者開始有意識強調書法形式的作用，例如王國維、林風眠、林語堂，他們不再認為神采、氣韻等等是玄妙的不可捉摸的東西，而力圖通過對形式的不斷深入分析來剖析技與道、形與神之間的關係。

　　古代書法理論考慮書法本體的問題有其自身的方式和特點，《周易》強調的陰陽學說成為重要理論依據。東漢蔡邕提出了書法藝術形態來源於自然的重要論斷，應當是較早對書法本體的一種闡釋，他在《九勢》中說：「夫書肇於自然，自然既立，陰陽生焉；陰陽既出，形勢出矣。」〔註2〕意謂書法來源於自然萬象，由陰陽生成的自然萬象既體現於書法，書法便有了陰陽，

〔註1〕王國維《論哲學家與美術家之天職》，《教育世界》1905 年第 99 期，第 2 頁。
〔註2〕蔡邕《九勢》，《歷代書法論文選》，上海書畫出版社，1979 年 10 月，第 6 頁。

從而產生其形體、動態。蔡邕在《筆論》中還提出:「為書之體,須入其形。」〔註3〕意即書跡的體勢必須融入自然萬象,並歸結說:「縱橫有可象者,方得謂之書矣。」〔註4〕即只有字勢縱橫變化而又可模擬事物的意態,才能稱作書法。王世徵先生稱這是「第一次提出了書法藝術形態的基本審美規範。總之,蔡氏在中國書論史上最先提出書法源於自然並效法、體現自然的論斷,這就從理論上揭示出書法與自然的本質聯繫,這是對書法本體論和創作論的重大貢獻。」〔註5〕

民國新型學者思考問題的方式則結合了中西方的思維特點,他們一方面承認書法的重要的本體特徵在於「意象」,另一方面,他們又企圖通過現代語言的精確性對玄妙的書法意象進行解釋,所以對書法的線、形狀進行物理學式的分析,對書法的節奏、韻律進行現代美學式的闡釋,最終想在書法外在的表現形式與書法內在的藝術表現規律之間構架一座橋樑,其中以張蔭麟、林語堂等人為突出代表。具體來說,民國新型學者首先將書法明確納入到藝術範疇,並通過與繪畫、音樂、舞蹈進行對比來說明書法獨有的藝術特性,以及用藝術哲學的方法闡釋書法美的特質。當代學者在一定程度上延續了這一思路,例如程大利在《書法的筆意與筆力》中就說「形式超越和生命象徵是書法藝術的美學本質。書法藝術的神采來源於筆意與筆力。」〔註6〕

相比較而言,古代書論通常的表達方式是在書法品評當中進行意義追加,「感覺」在這一過程中起到至關重要的作用,因為只有具備了書寫的經驗,才有可能產生同構的體驗;晚清民國時期,部分學者開始主動地讓理論、理念先行,尤其突出對書法表現出來的形式的重視,讓書法藝術性逐步從語義性、文學性中剝離開來。整體來看,民國學者對於書法的獨立性予以強烈的訴求,這應該是民國書法理論一個最明顯的特徵。具體分析可以發現,這一訴求的展開分為兩個主要層面,一是要求藝術純粹化,意即要求藝術從政治倫理道德中獨立出來。藝術的起源、藝術的本質、藝術的價值等成為當時的重要話題,王國維為其代表人物;一是要求書法純粹化,意即要求書法的藝術形式從文學、文字當中獨立出來,圍繞書法的特性、書法的地位、書法的

〔註3〕 蔡邕《筆論》,《歷代書法論文選》,上海書畫出版社,1979 年 10 月,第 6 頁。
〔註4〕 蔡邕《筆論》,《歷代書法論文選》,上海書畫出版社,1979 年 10 月,第 6 頁。
〔註5〕 王世徵《書道通乎大道——古代書論對書法藝術本質的深刻揭示》,《美與時代》2011 年第十期。
〔註6〕 程大利《書法的筆意與筆力》,《中國書法》2012 年第 5 期。

前途等問題展開異常激烈的討論，林風眠、林語堂、宗白華、鄧以蟄為其代表人物。民國學者對於書法的獨立性的訴求意義十分深遠，這一訴求直到如今還依舊在延續。本章就民國書論中書法的藝術歸屬問題、書法美的特質、書法與其他藝術門類之間的關係問題等幾方面內容作出整理和簡要分析。

2.1 民國時期藝術理論新動向——藝術概念的明晰以及藝術獨立性的訴求

　　20 世紀初期，中國社會發生重大變革，「五四」新文化運動的影響和西方文化藝術的湧入，對傳統的文化藝術觀念帶來很大衝擊。面對新的環境新的事物新的觀念，人們不斷進行思考展開討論，文藝工作者之間的交流日益頻繁、思維空前活躍，例如民國時期的中國畫壇從思想上出現明顯的分化特點，一部分人堅守傳統本位，陳師曾、潘天壽等人有著對傳統藝術的深刻認識，陳師曾提出「中國畫進步論」，為中國的傳統繪畫正名；另一部分人則嘗試引進西方文藝新思想，尤其是從歐美、日本留學歸來的一批新型學者陸續回國，他們大多懷有對西洋藝術的濃厚興趣以及對世界藝術思潮的強烈追求，隨之聚合藝術力量結成藝術社團，向人們傳播西方藝術思潮，展示西方藝術風格和時代精神。在這一時期，影響較大的美術社團有決瀾社、中華獨立美術協會、藝風社和中國留法藝術學會等，他們為中國藝術界帶來一股新風，播下了希望的種子。藝術新思潮實際上也正是由一批思想活躍的美學家、藝術家帶入書法領域的。

2.1.1 民國學者對藝術獨立價值的訴求

　　自古以來，中國的藝術與哲學關係十分緊密，正如陳池瑜先生所說，中國藝術的思想基礎是儒道學說，因此，中國的藝術很早就打上為封建倫理服務粉飾太平之類的烙印，王國維感歎美術之無獨立之價值實際上由來已久，它帶來的直接後果是「純粹美術上之著述，往往受世之迫害而無人為之昭雪者也。此亦我國哲學美術不發達之一原因也」。〔註7〕受到叔本華、康德等深刻影響的王國維當然不會滿足於這樣的文化現狀，他通過對比中西哲學思想的異同來分析藝術的本質和價值，從而讓藝術獲取獨立的地位。

〔註 7〕王國維《論哲學家與美術家之天職》，《教育世界》，1905 年第 99 期，第 2 頁。

　　首先，王國維將功利學術與非功利學術從理論上區分開來，以凸顯藝術存在的意義。他將政治科學道德看作為功利學術，其最大的特點是有利於世用；而藝術與哲學則為非功利學術，不具備任何實用價值，而這樣一種非功利的特點卻為藝術和哲學實現其永恆的普世價值提供了可能，王國維稱「哲學與美術之所志者，真理也。真理者，天下萬世之真理，而非一時之真理也」〔註8〕，是「天下萬世之功績，而非一時之功績也。唯其為天下萬世之真理，故不能盡與一時一國之利益合，且有時不能相容，此即其神聖之所存也」。〔註9〕顯然，王國維認為藝術和哲學存在的意義遠遠超越了物質意義上的功用範疇，而是在於能夠彰顯永恆的真理，換言之即對於美和真的闡釋。

　　其次，王國維提出藝術能夠表達人類感情的功能。王國維認為人與動物最大的區別在於對知識和感情的體悟與追求，他說：「人之所以異於禽獸者，豈不以其有純粹之知識與微妙之感情哉。至於生活之欲，人與禽獸無以或異。後者政治家及實業家之所供給，前者之慰藉滿足非求諸哲學及美術不可。」〔註10〕在他看來，吃穿住行只是人類生存生活的本能，與動物生存本能沒有本質的區別，這些基本的需求可以依靠「政治家及實業家之所供給」。但是，人類對於「純粹之知識與微妙之感情」的追求和延續只能通過哲學和藝術才能實現。

　　他堅決反對把哲學藝術看成政治道德的附庸，所以他聲稱哲學家的職責是在追求真理，需要與政治道德保持距離，稱「哲學家而以政治及社會之興味為興味，而不顧真理之如何，則又決非真正之哲學。」〔註11〕從其闡述過程中經常將藝術和哲學置於同類的習慣，可以推斷他對藝術和藝術家的獨立地位也應當具有同樣訴求。

2.1.2　藝術、藝術學等概念的明晰

　　20 世紀中國藝術學學科呈現出與以往任何時期不同的新的特徵，總體來看新的潮流和動向是新型學者通過介紹西方美學、藝術學理論來打破之前暮氣沉沉的舊學說，開始對中西藝術進行比較研究，嘗試用西方近現代哲學藝術理

〔註8〕 王國維《論哲學家與美術家之天職》，《教育世界》，1905 年第 99 期，第 1 頁。
〔註9〕 王國維《論哲學家與美術家之天職》，《教育世界》，1905 年第 99 期，第 1 頁。
〔註10〕 王國維《論哲學家與美術家之天職》，《教育世界》，1905 年第 99 期，第 1 頁。
〔註11〕 參見雷文學《王國維的藝術哲學思想》，重慶師範大學學報（哲學社會科學版）2010 年第 5 期。

論來研究中國藝術。當時藝術學研究領域重要的特徵之一就是西方哲學、美學、藝術理論中的觀點、術語、概念、方法，成為中國學術研究最常見、最重要的參照。陳池瑜先生在其《中國藝術學學科特徵與發展前景》一文中對 20 世紀早期藝術學研究情況作出整理和分析。他認為傳統的中國藝術學研究大多數是分門別類進行的，包括畫論、書論、詩論、文論和書史、畫史等。直到 20 世紀初期，西方的「ART」被譯成「美術」後又改稱為「藝術」，從此中國開始用「藝術」的概念來整合不同藝術門類，隨著對各個門類的藝術進行綜合研究的深入，黃懺華、林文錚、張澤厚等人陸續出版出版了有關美術、藝術的綜合基礎理論著作，這些著作的特點，一是試圖建立美術和藝術的基本原理框架，二是運用西方的近現代美學與藝術學觀點思想從事研究，其三是研究對象既包括中國藝術也包括外國藝術，既包括繪畫、雕塑、書法、建築，還包括詩詞、戲劇、音樂等。〔註 12〕20 年代受歐洲美學體系以及藝術理論研究的影響，部分學者開始引入現代藝術學思想體系，為早期藝術學科建設作出巨大貢獻。例如宗白華曾在柏林大學留學，1925 年從德國留學歸來，短短幾年時間作了一系列講座，將西方現代藝術學知識呈現給國內的年輕一代，宗白華的演講目次是：

1，什麼是藝術學；

2，藝術的範圍與其他美學的活動；

3，藝術起源與進化；

4，藝術形式與內涵問題；

5，藝術的風格論；

6，藝術鑒賞論；

7，美感的範疇；

8，藝術的分類問題；

9，藝術系統（各種藝術）；

10，藝術互相闡明；

11，藝術的功用。

以上演講的內容幾乎全面系統地涵蓋了藝術學的最根本問題，也就是說，通過這一系列演講，能夠看出宗白華已經初步建立起藝術學的輪廓框架。所以，有學者直接稱宗白華是中國藝術學的真正確立者。〔註 13〕

〔註 12〕陳池瑜《中國藝術學學科特徵與發展前景》，《藝術百家》，2007 年 23 期。
〔註 13〕張玉能《中國的藝術學發展》，《雲南藝術學院學報》2009 年 3 期。

2.2 書法的藝術定位

2.2.1 書法是否為藝術——書法藝術合法性的獲得

　　大多數學者秉承文化慣性思維，肯定書法是藝術無疑。梁啟超十分肯定地稱「美術世界所公認的為圖畫、雕刻、建築三種。中國於這三種之外，還有一種，就是寫字。」〔註14〕沙孟海也稱「書學是中國最早設科的一種藝術，六藝中不就有一藝是書嗎？」〔註15〕馬衡、胡小石認為書法為藝術，其中漢字和毛筆起到重要作用。馬衡《中國書法何以被視為美術品》一文總結了書法成為美術的四個條件：1，中國書畫本屬同源，漢字本身具有美的條件；2，古代課士，書法為重要科目之一，書法是一般人都具備的技能，因此可以被很多人所欣賞；3，帝王之篤好與提倡；4，工具之特殊。毛筆柔軟便於書法家的發揮，才能達到審美的境界。最後，馬衡提到書法生態環境的改變，稱「有人推測今後第二第三個條件不復存在，甚至第一個條件中國文字都有改革的可能，所以書法將會被淘汰。」〔註16〕並進一步說明，「今所通行之書體為行書楷書，其餘篆隸草等體，久不適用於今日。在應用方面已漸漸廢除，而在美術方面仍可存在。苟中國文字一日不廢除，則書法亦不至屏諸美術界之外，可斷言也。」〔註17〕胡小石《中國書學史緒論》稱書法之所以成為藝術關鍵在毛筆，他說「書字從聿，其取義極確，蓋中國之書，所以能進為藝術者，其最要之因素，即係其所使用之筆，古人埃及作字用葦筆，巴比倫人用角筆，歐洲古代用鵝管筆。近世代之以鋼筆。皆簡單拙硬，無多變化。中國作字之筆，皆縛獸毛為之，其主要者用兔毛，鋪豪抽鋒，最富彈性，故鉅細收縱，變化無窮。昔人狀筆之美德有四，曰尖、齊、圓、健。尖齊則於鉅細宜，圓健則於收縱宜，有此利器，故縱橫卷舒，其妙萬千。蔡中郎言筆柔則奇怪出。此所云軟，非如今世羊毛筆之軟，蓋當以有彈性解

〔註14〕梁啟超《書法指導》，鄭一增《民國書論精選》，西泠印社出版社，2011 年 3 月，第 17 頁。

〔註15〕沙孟海《近三百年的書學》，鄭一增《民國書論精選》，西泠印社出版社，2011 年 3 月，第 47 頁。

〔註16〕馬衡《中國書法何以被視為美術品》，《社會教育季刊》1943 年第 2 期，第 51 ～64 頁。

〔註17〕馬衡《中國書法何以被視為美術品》，《社會教育季刊》1943 年底 2 期，第 51 ～64 頁。

之，始得其義，總之，無中國之筆，則無中國之書矣。」〔註18〕

馬衡書法作品

〔註18〕胡小石《中國書學史緒論》，《書學》1943 年第 1 期，第 9～96 頁。

　　當然，也有少部分學者否認書法是藝術，其中以鄭振鐸的觀點最具代表性。鄭振鐸在兩個方面對書法成為藝術表示質疑：一是書法表現個性；一是書法具備外形美。他說「中國字有個性，難道別國的字便表現不出個性了麼？要說寫得美，那麼，梵文和蒙古文寫得也是十分勻美的。」〔註 19〕類似這樣的觀點在當時沒有得到太多人的認可（《書法是個幽靈》中詳細地描述了當時的情景，確定當時絕大多數學者認為書法是藝術。）〔註 20〕但實際上類似的質疑顯然是對書法本質進行思考的一種表現，書法美在哪裏？書法從何處表現個性？這些貌似平常的問題卻蘊含著現代理性思辨，在 20 世紀 80 年代還引起過廣泛討論。對於鄭振鐸的幾點質疑，當時的其他學者也有精彩論述，豐子愷在《書法略說》就曾稱：「世界各國的文字要算我們中國字為最美術的，別國的字，大都用字母拼合成，長短大小，很不整齊。只有我們中國的字，個個一樣大小，天生成是美術的。中國的文字字字成型，而外國文字用字母拼合而成，並且存有前綴後綴時態語態的變化，難以固定成型。」〔註 21〕豐子愷實際上已經看到了漢字形態美區別於他國文字的特質。

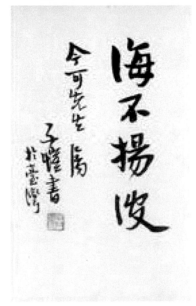

豐子愷書法作品

〔註 19〕鄭振鐸《哭佩弦》，《文訊月刊》1948 年第 1 期，第 75～76 頁。

〔註 20〕張瑞田《書法是個幽靈》，《紅豆》2013 年第 1 期第 66～69 頁。

〔註 21〕豐子愷《書法略說》，見豐華瞻編《豐子愷論藝術》，復旦大學出版社，1984 年 1 月。

　　民國時期，美學家對書法本質的闡釋具有開拓性。朱光潛在 1932 年發表《談美》，其中第三篇《「子非魚安知魚之樂——宇宙的人情化」》專門討論書法藝術美的問題。他說：「書法在中國向來自成藝術，和圖畫有同等的身份，近來有人懷疑它是否可以列於藝術，這般人大概是看到西方藝術史向來不留位置給書法，所以覺得中國人看重書法有些離奇。其實書法可列於藝術，是無可置疑的……它可以表現性格和情趣。顏魯公的字就像顏魯公，趙孟頫的字就像趙孟頫。」〔註 22〕真正從理論上依靠完整的邏輯推理肯定書法是藝術這一命題的是張蔭麟，他從藝術的定義、概念出發，明確提出書法藝術與公認藝術的共性和特性等問題，對書法的藝術性做出詳細分析和論證，從而得出書法為藝術的結論。為了論證書法是藝術的身份合法性，他首先提出如下問題：「

　　（一）我國書藝與眾文化所公認之諸藝術，有無根本相類之點，使書藝得成為一種藝術？精析言之，此問題實包含兩問題：（甲）書藝與諸藝術有何相類之點？（乙）此共同之點是否即藝術之要素？

　　（二）藝術之要素，苟為書藝所具，如何在書藝中實現？

　　（三）書藝與其他藝術又有何根本差異之點，使得成為一特殊藝術？換言之，書藝就其為藝術而論，有何特別之優長，有何特別之限制？何者構成書藝之類型？」〔註 23〕

　　張蔭麟直截了當指出書法與其他藝術門類在藝術本質上具備相似點——情感表現。情感表現為各門藝術的共同要素，書法能夠表現情感，因此書法為藝術無疑，而對於如何在書法中實現其情感的問題，他又從線條、結構、韻節等多方面進行論證。從線給人的暗示、人對線條的感覺等方面去談論書法之所以能夠表現情感，顯然是借用了西方心理學的研究方法，張蔭麟試圖通過這種科學分析的方法把問題細化論證其觀點的合理性。

　　當代學者黃映愷高度稱讚了這樣一種理性地對待書法本質研究的做法，他說「張氏的這個論證過程，充分展示了理性邏輯和思辨邏輯對書法美學研究的意義，而這在以前的任何關於書法理論的文章中未曾有過。它提供了一種嶄新的對書法美命題論證的思維方法。因為證明的過程有時同正確的結論一樣富有價值。同時，從論證的結論上，它使書法是藝術這樣一個基礎性的

〔註 22〕朱光潛《談美》，中華書局 2010 年 8 月，第 21 頁。
〔註 23〕張蔭麟著，陳潤成、李欣榮編《張蔭麟全集》中卷，清華大學出版社 2013 年。

命題在學理上得到了澄清，而不再是主觀的直覺和臆斷，或者僅僅是一種常識性的推理。」〔註24〕

張蔭麟一九四一年攝於遵義（《思想　張蔭麟一九二九年贈梁方仲扇面（梁承鄴提供）
與時代》第十八期，一九四三年）

張蔭麟上世紀二十年代致陳中凡書（《清暉山館友聲集》，江蘇古籍出版社，二〇〇〇年）

張蔭麟及其書法作品

2.2.2 書法為何種藝術——書法的藝術分類（實用與藝術的關係、工藝與純粹的關係）

除了「書法是否為藝術」的疑問之外，「書法為何種藝術」也成為另外的重要話題。書法，與生俱來與漢字書寫密切相關，它本身集實用性與藝術表現性、形象性與抽象性、裝飾性與文人性於一體，建立在分析方法基礎上的現代理性思維對於概念的明確性有著不同以往的執著，而由於對藝術和書法

─────────────

〔註24〕黃映愷《20世紀書法美學的建構與反思》，浙江大學2007年博士論文。

存在不同理解和認識，民國學者們對書法藝術的性質問題各執一詞，例如李樸園就認為書法是工藝美術，其藝術地位遠不如繪畫，鄧以蟄卻說書畫不同於裝飾性的工藝美術，應當屬於純粹美術。豐子愷則明確表示書法同音樂分別是視覺藝術和聽覺藝術中最高級的。

首先，在實用性與藝術表現性的對立統一上說法不一。

滕固的《詩書畫三種藝術的連帶關係》一文稱書法在中國很早時代就由實用工具演化而為純粹的藝術。〔註25〕李鴻梁《書法是否藝術》對實用與非實用的界限問題提出質疑。他將書法同繪畫和建築進行對比，「譬如一幅畫，是純藝術的畫，掛在牆上，本來沒有什麼實用意味的。但有時因這牆太空了的緣故而找一張畫來掛掛，那就多少含有點實用性了。但在畫的本身，不能因時的用途改變而牽動他本質上去，尤其是建築藝術，要想找到完全脫離實用的意味而獨立的東西，恐怕很難罷。況且書法還不像建築那麼不能與實用性分離開來。」〔註26〕歷來學者對藝術的實用性及非實用性往往僅憑感覺一帶而過，李鴻梁則考慮到實用與非實用的界限問題，他這一思考極具創見，在當時出現更屬難得。

豐子愷提出藝術的總的原則，接著從表現方式的角度對藝術進行比較分類，他將藝術分為視覺藝術和聽覺藝術，書畫屬於視覺藝術而且屬於無實用的純正藝術，因此書法從一開始就在藝術園地中佔有極高的地位，加之書法的筆墨運用相對於繪畫來說更加自由，從而他得出兩個結論：一是在藝術的本質上，書法高於繪畫，稱「在藝術上，稱無實用的書畫金石等為『純正藝術』，稱有實用的建築等為『應用藝術』。書法與音樂是藝術中最精妙的兩種。一切藝術中，表現的精微，前者訴於視覺，後者訴於聽覺。表現形式各異，內容精神實同。例如，用筆描寫有名目的形狀，筆墨受形狀的拘束，難得自由發揮感興。反之，表現無意義的聲音，就可以在聲音本身上自由發揮感興了。故在藝術的本質上，書法高於繪畫，音樂高於文學。」〔註27〕二是書法因為表現方式相對自由所以是最高藝術，稱「現在我講藝術，首先提到書法，而且讚揚它是最高的藝術。其實我這話是根據藝術的原則。藝術的主要原則之

〔註25〕滕固著，彭萊選編《滕固論藝》，上海書畫出版社2012年6月，第63頁。
〔註26〕李鴻梁《書法是否藝術》，《藝風》（杭州），1935年第12期，第35～36頁。
〔註27〕豐子愷《藝術的園地》，鄭一增《民國書論精選》，西泠印社出版社，2011年3月第204頁。

一，是用感覺領受。感覺中最高等的無過於眼和耳。訴於眼的藝術中，最純正的無過於書法。訴於耳的藝術中，最純正的無過於音樂。故書法與音樂，在一切藝術中佔有最高的地位。」〔註28〕

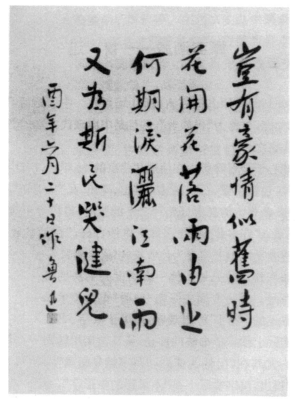

魯迅書法作品

　　其次，在形象性和抽象性的關係上理解不盡相同。魯迅《寫字就是畫畫》從文字學的角度論述了漢字起源以及流變過程中象形的意義，他說：「篆字圓折，還有圖畫的餘痕，從隸書到現在的楷書，和形象就天差地遠。不過那基礎並未改變，天差地遠之後，就成為不象形的象形字。」〔註29〕宗白華傾向於將書法歸為與繪畫、雕塑等具象藝術相對應的抽象藝術，在為胡小石《中國書法史緒論》所寫的編輯後語中他說：「中國書法是一門藝術，能表現人格，創造意境，和其他藝術一樣，尤接近於音樂地、舞蹈地、建築地抽象美（和繪

〔註28〕豐子愷《藝術的園地》，鄭一增《民國書論精選》，西泠印社出版社，2011 年 3 月第 204 頁。
〔註29〕魯迅《寫字就是畫畫》，鄭一增《民國書論精選》，西泠印社出版社，2011 年 3 月第 93 頁。

畫、雕塑地具象美相對）。中國樂教衰落，建築單調，書法成了表現各時代精神的中心藝術。」〔註 30〕林語堂對書法的論述與宗白華具有很大的相似性，他認為書法是訓練抽象的氣韻和輪廓的基本藝術，能夠為中國人民提供基本的審美意識和觀念，毫無疑問這是對書法價值和地位的極大肯定和褒獎。在《吾國與吾民》中他稱「是以中國書法的地位，很占重要，它是訓練抽象的氣韻與輪廓的基本藝術，吾們還可以說它供給中國人民以基本的美學觀念，而中國人的學得線條美與輪廓美的基本意識，也是從書法中來，故談論中國藝術而不懂書法及其藝術的靈感是不可能的。舉例來說，中國建築物的任何一種形式，不問其為牌樓，為庭園臺榭，為廟宇，沒有一種形式，它的和諧的意味與輪廓不是直接攝取自書法的某種形態的。」〔註 31〕林語堂認為因為毛筆與生俱來的瀟灑機敏特性使得書法成為比肩繪畫的藝術，稱「中國書法的地位是以在世界藝術史上確實無足與之匹敵者，因為中國書法使用的工具為毛筆，而毛筆比之鋼筆來得瀟灑而機敏易感，足以並肩於繪畫。書法藝術齊備了全部完美觀念的條件，吾們可以認作中國人審美的基礎意識。」〔註 32〕

　　第三，在裝飾性和文人性方面存有不同理解。李樸園在《什麼是藝術》中給出對藝術的總的定義，「綜合前後兩種看法，我們可以說，藝術者，是藝術家以其敏銳的感覺和精確的觀察，把由社會生活所得的，有用於人的思想同感情，藉美的形象所表現出來，傳達於人，作為人與人間精神的結合的，形式與內容相一致的創造物。」〔註 33〕此外在其《中國藝術的前途》一文中，首先在確定藝術的範圍的時候提到國外沒有的書法，李樸園的觀點是將書法歸於具備裝飾意味的工藝藝術，在文章後部分還指出「篆書更具裝飾的工藝性，而行書楷書則是文人的事情。」〔註 34〕將書法的裝飾性提到如此高的位置，顯然與古代書法觀念相去甚遠，這類觀點甚至在歷史上都是很特別的。我們可以推斷他之所以這麼說，應該是強調藝術的表現形式，而對書法固有的文化內涵和哲學基礎全然無視，這也可能代表了從事造型藝術工作尤其是繪畫者的觀點。

〔註 30〕宗白華《中國書法史緒論 編輯後語》，宗白華著，殷曼樗編《宗白華中西美學論集》，南京大學出版社，2009 年 4 月第 160 頁。

〔註 31〕林語堂《吾國與吾民》，嶽麓書社，2000 年 9 月，第 37 頁。

〔註 32〕林語堂《吾國與吾民》，嶽麓書社，2000 年 9 月，第 37 頁。

〔註 33〕李樸園《什麼是藝術》，《浙江青年》，1934 第 2 期，第 223～285 頁。

〔註 34〕李樸園《中國藝術的前途》，《前途》，1933 年第 1 期，第 127～174 頁。

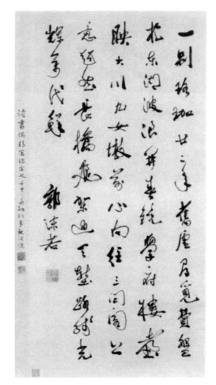

郭沫若行書立軸

　　關於書法裝飾性的問題，鄧以蟄的觀點就與李樸園截然相反，他認為書法屬於純美術，是藝術的最高境界，鄧以蟄《書法之欣賞》稱「吾國書法不獨為美術之一種，而且為純美術，為藝術之最高境。何者，美術不外兩種，一為工藝美術，所謂裝飾是也，一為純粹美術。」〔註35〕

2.2.3　關於書法何時成為藝術的話題

　　關於書法何時開始成為藝術，民國學者眾說紛紜。有學者認為是春秋時代，有的則認為是漢魏以後。郭沫若的觀點是從春秋末期漢字書寫開始藝術化和裝飾化，他說「有意識地把文字作為藝術品，或者說使文字本身藝術化和裝飾化，是春秋時代末期開始的。這是文字向書法的發展，達到了有意識的階段。」〔註36〕也有學者魏晉時期玄學興盛帶來個性解放，加之上流社會熱衷書法，所以漢魏之際湧現出很多書法家，書法在此期間完全進入藝術領域。

〔註35〕鄧以蟄《書法之欣賞》，鄭一增《民國書論精選》，西泠印社出版社，2011 年 3 月，第 117 頁。

〔註36〕郭沫若《古代文字之辯證的發展》，《考古學報》1972 年第 1 期，第 1～15 頁。

鄧以蟄就稱「書字之人，人人有其特異之書風。加之漢魏以降，書法成為士人之藝術，其風日甚一日，居尊位者又多敬愛法書，則個人書家之書法有助於書體之改變者可想見也。」〔註37〕又稱「一方面漢魏之交書家輩出，書法已完全進入美術之域，筆法間架，講究入神，如衛夫人之筆陣。他方面，魏晉士人浸潤於老莊思想，入虛出玄，超脫一切形質實在，於是「逸筆餘興，淋漓揮灑，或妍或醜，百態橫生」之行草書體，照耀一世。」〔註38〕聞一多先生認為中國的文字的發展與繪畫發展一樣包括兩個階段：一是裝飾的，一是表現的。他將銅器上的銘辭和刻在甲骨上的卜辭進行比較，認為卜辭的文字是純粹具有實用性質的記錄，而銘辭的文字則兼有裝飾意味的審美功能，他說：「裝飾自然會趨向繁縟的結構與更濃厚的繪畫意味。字體由篆隸變到行楷，字體本身的圖案意味逐漸減少，可是它在藝術方面發展的途徑和繪畫一樣走到一個更高超的境界（表現境界）。以前在裝飾的階段中，字只能算得半裝飾的藝術，如今在表現的階段中，它卻成為一種純表現的藝術了。」〔註39〕孫以悌在 1934 年發表於《史學論叢》的《書法小史》，其中對書法藝術產生於何時的問題又有新的見解，他認為書法與文字完全是不同的兩種概念，書學萌芽於隸草興起之後，完成於東漢建初，他稱「故書法之學，不得與文字同時並生……故知書學濫觴，當遠在海內文字既經統一之後。今考其起源，大概萌芽於隸草既興之後，而完成於東漢建初年間。」〔註40〕書法與漢字的關係過於密切，字本身的裝飾化很難與書法的裝飾化撇清關係，而書法表現的自覺性考察起來更是十分微妙，所以民國學者提出書法何時成為藝術顯然需要建立在對書法和藝術兩個概念框定的基礎之上，這一話題注定將會在很長時間內繼續爭論下去。

2.3　書法美的特質

　　書法的特殊性多通過與繪畫、音樂等其他藝術門類相比較得以體現，而書法與其他藝術的共性則可以通過美學的原理進行分析，正說簡瀋明所寫《書

〔註37〕鄧以蟄《書法之欣賞》，鄭一增《民國書論精選》，西泠印社出版社，2011 年 3 月，第 118 頁。
〔註38〕鄧以蟄《書法之欣賞》，鄭一增《民國書論精選》，西泠印社出版社，2011 年 3 月，第 123 頁。
〔註39〕聞一多《字與畫》，鄭一增《民國書論精選》，西泠印社出版社，2011 年 3 月，第 198 頁。
〔註40〕孫以悌《書法小史》，《史學論叢（北京）》，1934 年第一期，第 16 頁。

法的藝術談》所說：「那麼究竟書法的藝術是怎樣的？那就不能不談美的條件了，美的條件不外乎統一、變化、均齊、平衡，有所謂黃金律，不可多之以毫釐，不可少之以分寸。」〔註41〕從原理上談美的條件，自然是美學家們更為在行，我們以梁啟超、宗白華、鄧以蟄等人為例來說明民國時期美學家對書法美的看法。

梁啟超　歌扇畫橈楷書聯

2.3.1　梁啟超的書法四美

　　古代書法理論家尤其是是明清書論家往往從用筆法、結字法、章法、墨法等方面來構建書法系統，民國時期一批美學家則另闢蹊徑，從對書法美的探析上面展開對書法本質的討論。梁啟超用一種科學分類的方式對於書法美的性質進行解剖，將書法的美分為線的美、光的美、力的美和表現個性的美，

〔註41〕簡溶明《書法的藝術談》，《江西教育》1934 年第 2 期，第 104～120 頁。

從而架構成一種與古代截然不同的關於書法美的結構模型。他以這樣一種方式解釋書法美到底包含什麼東西，實際上就是解釋了書法美的本質是什麼，當然也可以看作他對書法作為藝術美的一種內涵規定。這樣一種全新的對書法美的解剖方式，可以說為書法理論研究找到了一個新的研究對象，同時從方法論的層面改變了傳統書論中對書法美的認識。當代學者黃映愷對此做出深刻的對比分析，他說：「傳統的古代書論中，對書法審美的認識首先是立足於意象思維和直覺思維，書法美的自明性往往開啟於主體的心靈的體驗之旅中，它依賴於主體內在的自覺和頓悟，以明心見心為旨歸，然後通過非邏輯的方式，用聯類比喻的方式把體驗間接地表達出來。梁啟超關於書法美的構成模型無疑是一種新的思維方法的結果，同時也是一種邏輯分析式的創造。它通過新的概念和範疇如線的美、個性的美等概念、範疇的運動和組織來揭示書法美存在，使書法美的對象、範圍更加具體化，為一種新的書法美話語認知制度的形成奠定了基礎。」〔註42〕

首先論書法「線的美」。梁啟超本身即為書法名家，他對於書法各要素的認識無疑十分透徹，我們從他對於書法「線的美」的論述可以發現他依然強調的是書法的用筆、結構和章法，只是換成另外一種說法而已。第一是強調線本身，也就是通常所說的用筆，因為精到準確的用筆決定線條的質量，書法家畢生都在琢磨如何寫出提煉優美的線條，梁啟超以木工做椅子為例，說明線條的長短、粗細、彎直決定了書法的水準。因此他說「線的美，在美術中，為最高等。」〔註43〕第二是強調線的排列，意即通常所說的結構和章法。梁啟超在這裡提到一個「真美」的概念，他以美人的五官身材為例論述真正的美不在於塗脂抹粉，而在於本身的協調，而人的協調又在於骨格擺佈的處處相稱，他以此說明書法線條的排列對於書法至關重要。他的「線條排列說」在一個字中對應的是結構美，在一幅作品當中對應的是章法美，從他在文章中反覆提及「計白當黑」就能看出他對中西文化的融通，他稱「一個字的解剖，要計白當黑。一行字、一幅字，全部分的組織，亦要計白當黑。」〔註44〕不同書法家對線條排列的方式不同，所以產生各不相同的書法風格，如果在書法創作中將不同的排

〔註42〕黃映愷《20世紀書法美學的建構與反思》，浙江大學博士論文，2007年。
〔註43〕梁啟超《書法指導》，鄭一增《民國書論精選》，西泠印社出版社，2011年3月，第17頁。
〔註44〕梁啟超《書法指導》，鄭一增《民國書論精選》，西泠印社出版社，2011年3月，第18頁。

列方式予以混淆使用，那最終形成的作品也就不會美觀。

第二是論書法「光的美」。梁啟超通過對繪畫與書法的對比，發現一個問題：書法不必顏色、不必濃淡就能表現出美。他說繪畫要靠顏色以及墨色的濃淡枯濕才能表現美，稱「西洋畫，亦講究光，很帶一點神秘性。……總覺得號稱有光那幾幅，真是光彩動人，不過西洋畫所謂有光，或者因為顏色，或者因為濃淡，那是自然的結果。」〔註45〕而書法則不然，「墨白兩色相間，光線既能浮出，在美術界類似這樣的東西恐怕很少。」〔註46〕在這裡，梁啟超沒有用物理學的方法來看待這一問題，可以說是時代的侷限使然，他只是憑藉其書寫經驗和審美體驗來陳述了書法的光的特性，最終還是強調良好的書寫技巧和精良墨汁的效用，稱「寫得好的字，墨光浮在紙上，看上去很有精神，好的毛筆，好的墨汁，幾百年，幾千年，墨光還是浮起來的，這種美，就叫著光的美。」〔註47〕

第三是論書法「力的美」。古代書論對書法的力量美一直都十分強調，形容筆劃有力時經常會用到「萬歲之枯藤」、「萬鈞之弩發」等詞彙，而「骨力通達」、「虎踞龍盤」等也常常被用以形容書家的作品雄強豪邁。梁啟超談論書法「力的美」，也是通過與繪畫、雕刻等其他藝術進行比較，發現一些問題再深入分析從而得出結論，他提到繪畫和雕刻以及建築都可以反覆修改和補救，但書法則只能一次性完成，實際上梁啟超已經隱約感覺到書法藝術不同於建築、雕刻的一個特性——時間性，當然他所處的時代決定了他還難以講述得十分透徹，他只能根據主觀經驗將真實而朦朧的感覺進行陳述，稱「寫字，一筆下去，好就好，糟就糟，不能填，不能改，愈填愈笨，愈改愈醜。順勢而下，一氣呵成，最能表現真力。有力量的飛動、遒勁、活躍，沒有力量的呆板、委靡、遲鈍。我們看一幅畫，不易看出作者的筆力，我們看一幅字，有力無力，很容易鑒別。縱然你能模仿，亦只能模仿形式，不能模仿筆力，只能說學得像，不容易說學得一樣的有力。」〔註48〕對於這一個問題，張萌麟從欣賞者的心理角度分析得比較透徹，他認為書法是線的藝術，填改會導致線的

〔註45〕梁啟超《書法指導》，鄭一增《民國書論精選》，西泠印社出版社，2011 年 3 月，第 18～19 頁。

〔註46〕梁啟超《書法指導》，鄭一增《民國書論精選》，西泠印社出版社，2011 年 3 月，第 19 頁。

〔註47〕梁啟超《書法指導》，鄭一增《民國書論精選》，西泠印社出版社，2011 年 3 月，第 18 頁。

〔註48〕梁啟超《書法指導》，鄭一增《民國書論精選》，西泠印社出版社，2011 年 3 月，第 19 頁。

不協調，進而影響觀者的重構創造。

　　第四論書法「個性的表現」。梁啟超明確提出藝術的一大要素就是表現個性，而各種藝術門類當中，書法又是最能表現個性的一種，他說：「旁的可假，字不可假。一個人有一個人的筆跡，旁人無論如何模仿不來。不必要毛筆，就是鋼筆和鉛筆，亦可以認筆跡，是誰寫的，一看就知道。因為個人個性不同，所以寫出來的字，也就不同了。美術一種要素，是在發揮個性，而發揮個性最真確的，莫如寫字。如果說能夠表現個性，就是最高美術，那麼各種美術，以寫字最高。」〔註49〕對於梁啟超關於書法的「個性表現說」，這個觀點與古典書論中的「書如其人」論有類似的地方，當代學者陳方既也曾有頗為中肯的評論，他稱「梁啟超這一思想，無疑是資產階級人本主義思想的反映，不管梁啟超當時是否意識到，這一思想把千百年來以臨古為目的作為理想的書法觀，改變為將臨古、習今統攝於抒發主體情性、創造有個性的書法的總目標之下。梁啟超這一美學思想是有偉大現實意義的。」〔註50〕

2.3.2　宗白華的書法生命特質

　　宗白華十分重視書法藝術，曾有專門論述書法的美學思想的文章，如《中國書法的美學思想》、《中國書法的藝術性質》，但是這兩篇文章都寫於 20 世紀六十年代之後。他寫於民國時期的書法論述，基本散落在其他篇章當中，例如《論中西畫法的淵源與基礎》、《中國詩畫中所表現的空間意識》等。宗白華的書法美學思想主要包含以下幾個方面：

　　第一，書法能夠表現人格，能夠創造意境。他在《中國書法史緒論 編輯後語》中稱「中國書法是一門藝術，能表現人格，創造意境，和其他藝術一樣，尤接近於音樂地，舞蹈地，建築地抽象美（和繪畫，雕塑地具象美相對）。中國樂教衰落，建築單調，書法成了表現各時代精神的中心藝術。中國繪畫也是寫字，與各時代書法用筆相通，漢以前繪畫已不可見，而書法則可上溯商周。我們要想窺探商周漢唐宋的生活情調與藝術風格，可以從各時代的書法中去體會。」〔註51〕從以上言論當中可以看出，宗白華對於書法體現人格這一特質十

〔註49〕梁啟超《書法指導》，鄭一增《民國書論精選》，西泠印社出版社，2011 年 3 月，第 19 頁。

〔註50〕陳方既《中國書法美學思想史》，河南美術出版社，2009 年 1 月，第 429 頁。

〔註51〕宗白華《中國書法史緒論 編輯後語》，宗白華著，殷曼楟編《宗白華中西美學論集》，南京大學出版社，2009 年 4 月，第 160 頁。

分推崇，甚至認為從各個時代的書法當中能夠窺探商周漢唐宋的生活情調與藝術風格。由於宗白華學貫中西，他對中西方藝術的風格特徵以及其中淵源瞭如指掌，進一步對書法如何能夠體現中國文化精神做出精彩闡釋，稱「中國書法有方筆與圓筆之分。圓筆所表現的是雍容和厚，氣象渾穆，是一種肯定人生，愛撫世界的樂觀態度，諧和融洽的心靈。西洋希臘的，尤其是文藝復興的繪畫、雕刻，多取圓筆。這是愛自然，親近自然的精神的態度。方筆是以嚴峻的直線折角代替柔和和撫摩物體之圓曲線。它的精神是抽象地超脫現實，或嚴肅地統治現實（漢代八分）。龍門造像的書體皆雄峻偉茂，是方筆之極軌。這是代表佛教全盛時代教義裏的超越精神和宗教的權威力量。正和西洋中古基督教哥特式教堂的建築雕刻繪畫，多用抽象的直線折角相同。」〔註52〕

宗白華先生手迹

1985 年宗白華先生教學活動 60 周年慶祝大會留影

〔註52〕宗白華《中國書法史緒論 編輯後語》，宗白華著，殷曼楟編《宗白華中西美學論集》，南京大學出版社，2009 年 4 月，第 160 頁。

　　第二，書法藝術集中體現了中國人的生命精神。首先，宗白華認為中國
藝術將宇宙的和諧、生命的律動和心靈的節奏有機地結合在了一起，他稱「中
國人的個人人格、社會組織以及日用器皿，都希望能在美的形式中，作為形
而上的宇宙秩序，與宇宙生命的表徵。這是中國人的文化意識，也是中國藝
術境界的最後根據。」〔註53〕西方文化精神強調以人為本，倡導對世界萬物
未知世界竭盡全力的探索與認識，而中國文化則更多地在人與自然萬物之間
尋求一種平衡，宗白華顯然對二者具有極深刻的認識，所以他對生命精神的
理解就顯得富有哲學意味，他說：「宇宙生命是以一種最強烈的旋動來顯示一
種最幽深的玄冥；這種最幽深的玄冥處的最強烈的旋動，既不是西方文化中
向外擴張的生命衝動，也不是一般理解的中國文化中的消極退讓，而是一種
向內或向縱深處的拓展；這種生命力不是表現為對外部世界的征服，而是表
現為對內在意蘊的昭示，表現為造就『一沙一世界，一花一天國』的境界。」
〔註54〕由此看來，宗白華對於藝術精神的闡釋實際就是生命本身對「道」的
體悟，所以他說「中國的詩詞、繪畫、書法裏，表現著同樣的意境結構，代表
著中國人的宇宙意識。……味道集虛，體用不二，這構成中國人的生命情調
和藝術意境的實相。」〔註55〕

2.3.3　鄧以蟄──書法形式美和意境美的對立統一

　　鄧以蟄對書法美的認識與宗白華有很大相似之處，但依然具有其鮮明的
個人特色。他認為從書體上看，篆隸為形式美之書體，行草為意境美之書體；
從書法上看，形式和意境則密不可分，因為意境必託形式以顯。

　　鄧以蟄認為書法不僅僅為藝術的一種，更是藝術當中最高級的純粹藝術，
因為相比繪畫需要自然景物襯托，書法完全出自性靈的自由表現，他說：「吾
國書法不獨為美術之一種，而且為純美術，為藝術之最高境，何者？美術不
外兩種：一為工藝美術，所謂裝飾是也，一為純粹美術。純粹美術者完全出
諸性靈之自由表現之美術也，若書畫屬之矣。畫之意境猶得助於自然景物，

〔註53〕宗白華《論中西畫法的淵源與基礎》，見《美學散步》，上海人民出版社，1981
　　　　年6月，第131～132頁。

〔註54〕汝信，王德勝主編《美學的歷史──20世紀中國美學學術進程》，安徽教育
　　　　出版社，2000年12月，第654頁。

〔註55〕宗白華《中國藝術意境之誕生》，見《美學散步》，上海人民出版社，1981年
　　　　6月，第83頁。

若書法正揚雄之所謂書乃心畫，蓋毫無憑藉而純為性靈之獨創。故古人視書法高於畫，不為無因。」〔註56〕

在各種書體當中，最能體現性靈自由的又當是行草書，他稱「意境出於性靈，美為性靈之表現，若除卻介在之憑藉，則意境美為表現之最直接者，美非自我之外之成物，而為自我表現；求表現出乎純我，我之表現得我真如，天下尚有過於行草書者乎？故行草書體又為書體進化之止境。」〔註57〕

鄧以蟄的書法觀是以性靈和意的表現為內核，形式以託顯的意境觀。他認為，書法意境的產生離不開意，無意則不能成書法，意和性靈在鄧以蟄這裡基本上是同義的，他說：「一切書體可歸納於形式與意境二種，此就書體一般進化而論也。若言書法，則形式與意境又不可分。何者？書無形自不能成字，無意則不能成書法，字如純為言語之符號，其目的止於實用，固粗具形式即可；若云書法，則必於形式之外尚具有美之成分然後可。如篆隸既曰形式美之書體，則於其形式之外已有美之成分，此美蓋即所謂意境矣。」〔註58〕從鄧以蟄以上的論述我們可以看出，形式與意境二者相輔相成，共同成為書法美的必要條件。

2.3.4 朱光潛的書法「移情說」

朱光潛談論書法的美，與其他美學家角度不同，他採用的是「移情說」，也就是說朱光潛先生開始嘗試使用心理學的方法，從創作者和欣賞者的心理感受著眼去探析書法藝術。值得一提的是朱光潛沒有去尋找書法線條的美或者字形的美，而是從審美心理中找到書法藝術的魅力所在，這無疑是民國書法美學一大亮點，他認為書法能夠表現作者的性格和情趣，而其中內在的原理便是移情作用，稱：「再比如說書法。書法在中國向來自成藝術，和圖畫有同等的身份，近來才有人懷疑它是否可以列於藝術，這般人大概是看到西方藝術史中向來不留位置給書法，所以覺得中國人看重書法有些離奇。其實書法可列於藝術，是無可置疑的。他可以表現性格和情趣。顏魯公的字就像顏

〔註56〕鄧以蟄《書法之欣賞》，鄭一增編《民國書論精選》，西泠印社出版社，2011年3月，第117頁。

〔註57〕鄧以蟄《書法之欣賞》，鄭一增編《民國書論精選》，西泠印社出版社，2011年3月，第123頁。

〔註58〕鄧以蟄《書法之欣賞》，鄭一增編《民國書論精選》，西泠印社出版社，2011年3月，第124頁。

魯公，趙孟頫的字就像趙孟頫。所以字也可以說是抒情的，不但是抒情的，而且是可以引起移情作用的。橫直鉤點等等筆劃原來是墨塗的痕跡，它們不是高人雅士，原來沒有什麼「骨力」、「姿態」、「神韻」和「氣魄」。但是在名家書法中我們常覺到「骨力」、「姿態」、「神韻」和「氣魄」。我們說柳公權的字「勁拔」，趙孟頫的字「秀媚」，這都是把墨塗的痕跡看作有生氣有性格的東西，都是把字在心中所引起的意象移到字的本身上面去。移情作用往往帶有無意的模仿。我在看顏魯公的字時，彷彿對著巍峨的高峰，不知不覺地聳肩聚眉，全身的筋肉都緊張起來，模仿它的嚴肅。」〔註 59〕應該注意的是，朱光潛以上的解釋對於書法審美者來說具有很強的經驗性特點，這樣一種說法能夠解釋中國古代所謂的「字如其人」，但對於沒有任何書法實踐經驗的人來講卻未必能起到明顯作用，這就為純粹的視覺心理學留下更有意義的研究空間。

2.3.5　蔣彝的書法三美

　　蔣彝《中國書法》一書是針對不懂書法的外國人撰寫的書法教學講義，他從書法的抽象美、自然美、運動美三個層面進行詳細論述。

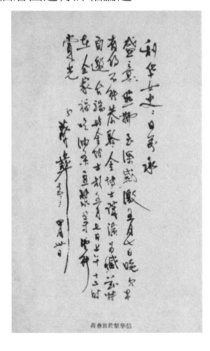

蔣彝致爱默斯夫人信

〔註 59〕朱光潛《談美》，中華書局，2012 年 8 月，第 21 頁。

　　首先，通過與西方超現實主義繪畫比較來說書法的抽象美。書法藝術是線條的藝術，書法的美最重要的一點便是書法線條及其排列的美，他稱「要論述中國書法的抽象美，就不能不談及當代西方藝術中一些最有生命力的運動，諸如超現實主義等等。幾百年來，中國人習慣於感受純線條美，對於他們來說，超現實主義的諸原則毫無驚人之處。一份最古老的、寫於大約五千年前的手跡，與一幅二十世紀的超現實主義繪畫作品，它們所引起的美的情感非常相似。中國古代具有藝術天賦的人穎悟到現實中存在著美，並力圖將它表現出來，他們簡化輪廓，以便捕捉對象的基本形狀，同時又能組成一幅賞心悅目的美的構圖。所以，有意忽略逼真的描繪，對中國人來說一點也不奇怪。在我們眼裏，古漢字膜拜的線條優美動人，與其他任何線條的形態相比，絕不遜色。正如我說過的那樣，中國人珍視書法純粹是因為它的線條及組合的線條那美妙的性質的緣故。至於它表達的思想美麗與否，則無關宏旨。簡單的說，中國書法的美學就是：優美的形式應該被優美地表現出來。一件書法作品，如果缺少第二個要素，就只能算粗陋之作。」〔註60〕

　　其次，講書法是自然美。「與中國所有的藝術一樣，書法的美主要是來源於自然。正如我在《中國藝術之我見》中所說：我希望思想與自然取得一致，這樣，按她的真實面目來欣賞她，這是我們熱愛自然的特點。在書法中，我們同樣被不可抗拒地引向自然：每一筆、每一點都暗示著某一自然物體的形狀。反過來，在許多情況下，自然萬物又成為書法各種風格的雛形。所以，我們對書法筆劃的欣賞與我們對自然的感情是成正比的。就好像在書寫過程中，由於將這種激發美感的感受注入字的形體之中，因此，日後賞玩時，我們就彷彿在直接接觸自然一樣，能體驗到一種感情上的愉悅。一棵活樹，它的每根細枝都有生命；一幅出色的書法作品中，它的每一根細小筆劃都來自自然界物體，都具有生物的活力。不光各個筆劃，就是完整的字的結構也基本上來源於自然。歷史上，大書法家們不遺餘力，擷取大自然的美，並將它融入字的筆劃與結構之中，他們的後繼者將他們的成果分門別類。」〔註61〕

　　第三，書法的運動之美。蔣彝在這裡尤其提到在運動之中保持平衡，強調了力量、速度的協調對於書法藝術的重要意義，他稱「儘管沒有一個漢字地地道道地代表一件有生命的事物，──時而被稱為文字畫的最古老的手跡

〔註60〕蔣彝《中國書法》，上海書畫出版社，1986年1月第一版，第8頁。
〔註61〕蔣彝《中國書法》，上海書畫出版社，1986年1月第一版，第8頁。

除外，——但是，結體的主要原則在任何情況下都是平衡，就像人體在站立、行走、舞蹈或者作其餘一些生命的運動時保持平衡一樣。中國書法之美實質上就是造型運動的美，而不是預先設計的靜止不動的形態美。這樣的作品，不是一成不變的形狀的勻稱安排，而是類似技藝嫻熟的舞蹈中一系列協調的動作——衝動、力量、瞬息間的平衡以及動力的互相作用等，交織成一個均衡的整體。平衡從本能來，其根源是書寫者審美的眼力。毫無疑問，我們古代的大師們對近代力學原理一竅不通，但是，他們的大部分字卻都遵循著力學的法則！例如，重心總安排在正確的位置上。」〔註62〕

2.3.6　張蔭麟的三維空間論

　　張蔭麟在認為漢字的點畫可「在二度空間上造成三度空間之幻覺」、可「無限變化」，更可「憑其本身之性格」「表現情感」，從而準確地揭示了漢字字形能夠成為書法材料的三個重要因素或原理。他在《中國書藝批評學序言》寫道：「中國字由『筆』組織，就形學上言，『筆』乃平面之限分；就感覺上言，『筆』亦表象立體，書藝似亦如繪畫然，在二度空間上造成三度空間之幻覺。吾人，試觀賞一寫成之佳字，而暫將其形學上之二度性忘卻，則覺此字之各部分非坦然相齊，而與其背景同在一平面上者；卻是模棱有骨，或豐腴有肉者。故就感覺上言，一筆實為一形，形之輪廓則為線，故書藝之主要材料，非僅為線，抑亦兼形。然就此一意義言，『筆』亦可稱為線，為較粗之線，因形學上有長無廣之線，感覺上實不存在也。下文用線字即從其廣義，而與筆互通。中國字之筆法，雖大別僅有八（『永字八法』），而每一法之輪廓亦運筆方向可無限變化，故中國字形之大綱雖已固定而尚饒有創造之餘地也。」〔註63〕

　　另外張蔭麟試圖用美學方式來解釋書法線條的不同形態，這是當時流行的研究方法，也會後來的書法形式研究打下良好的基礎，「（包括點畫在內的）線，單憑其本身之性格即可表現情感，此蓋為不可否認之事實。線亦如色與音然，具有一種抽象之情調、之生命（如『橫線寓安定靜寂之情感，豎線肅穆、尊嚴、希望之情感，曲折線衝突活動之情感，而曲線則公認為柔軟、溫

〔註62〕蔣彝《中國書法》，上海書畫出版社，1986年1月第一版，第8頁。按，原著第106頁有四個例字，並且畫出了每個字的外接多邊形，與當代學者邱振中等人的研究方法十分相似。

〔註63〕張萌麟《中國書藝批評學序言》，《大公報‧文學副刊》，1931年5月25日。

存，而富於肉的歡暢者也。』）」〔註64〕回過頭來看，這樣一種分析解剖式的研究方式的影響極為深遠，它與現代書法根本的理念較為接近，直到當今依然有人在書法創造中將注意力集中到各種線條的組合上來，以求直觀地表現作者的情感。但客觀地講，中國書法融時間性和空間性為一體，線條只是其眾多表現手段之一，在藝術創作過程中大可不必將二者混為一談。

2.4　書法與其他藝術門類的關係

2.4.1　書法與繪畫

漢字的起源與繪畫具有緊密的關係，自古以來「書畫同源論」幾乎沒有得到懷疑，民國文人在延續這一論說的同時也形成了新的看法和觀點。

魯迅《寫字就是畫畫》從文字學的角度論述了漢字起源以及流變過程中象形的意義，他說：「《周禮》和《說文解字》上都說文字的構成法有六種，這裡且不談罷，只說些和「象形」有關的東西。象形，『近取諸身，遠取諸物』，就是畫一隻眼睛是「目」，畫一個圓圈，放幾條毫光是「日」，那自然很明白，便當的。但有時要碰壁，何況還有無形可象的事件，於是只得來「象意」，也叫「會意」。不過還是走不通，因為有些事物是畫不出，有些事物是畫不來，譬如松柏，葉樣不同，原是可以分出來的，但寫字究竟是寫字，不能像繪畫那樣精工，到底還是硬挺不下去。來打開這僵局的是「諧聲」，意義和形象離開了關係。這已經是「記音」了，也可以說是進步，然而那基礎也還是畫畫兒。篆字圓折，還有圖畫的餘痕，從隸書到現在的楷書，和形象就天差地遠。不過那基礎並未改變，天差地遠之後，就成為不象形的象形字。」〔註65〕

滕固的《詩書畫三種藝術的連帶關係》一文稱「要究明書和畫的關聯，我們可以舉出左列幾個觀察：一、書法在中國很早時代就由實用工具演化而為純粹的藝術。二、書和畫所憑的物質材料：筆墨紙絹是同樣的。三、書和畫的構成美，同託於線勢的流蕩和生動；四、書法的運筆的結體，為繪畫之不可缺的準備工夫（基本練習）。這裡書和畫的聯結狀態，不是書要求於畫，而是畫要求於書，就是書為畫的前提。現在很明白，書與畫的結合，不能說沒

〔註64〕張萌麟《中國書藝批評學序言》，《大公報.文學副刊》，1931年5月25日。
〔註65〕魯迅《寫字就是畫畫》，鄭一增《民國書論精選》，西泠印社出版社，2011年
　　　　3月，第93頁。

有本質的通連，然多分是技巧和表現手段（工具）的相近；而詩與畫的結合不在外的手段而為內的本質。」〔註66〕

在書畫同源這個問題上，胡小石與聞一多發表了不同以往的看法。

首先，胡小石根據漢字逐漸遠離象形的演變過程，提出「書畫同源異流」論。他說「故知中國文字純用象形，僅為文字胚胎之期，此形體表示動作，故與圖畫全同，而一切動詞，尚未能離去此形體而成獨立。刻有此種文字之銅器，吾輩姑可目為屬於夏代者。降及安陽所出之殷契文字，已去象形久矣。後人類別成熟之文字，而有六書之目，象形字在量的方面，僅居六分之一。就許書觀之，最多為形聲字，象形字極鮮，故知中國文字，實重聲不重形，孳乳相生者，非形也，聲也。以形言，象形遺跡於篆文中尚可見之，由篆變隸，由隸變草，則幾並象形痕跡亦不可尋。今之文字，實皆抽象之符號所構成，以點畫為本，而為各種之排列，利用其結構之疏密，點畫之輕重，行筆之緩急，以表現作者之心情。吾嘗謂中國書與畫二者同源而異流。」〔註67〕其次，胡小石從具象性的用筆和抽象性的表意將書與畫進行比較。胡小石認為從具體用筆方式上說，「書畫同源」可以成立；但是從表現性上看，書法與音樂更為接近。「書畫同源，在乎用筆，此說唐人張彥遠已發之矣。書之表現，既為抽象的，而非具體的，則與其謂書同於圖畫，毋寧謂書同於音樂。書之與樂，可謂皆以抽象的符號為基本因素者，惟音樂為時間上之抽象藝術，而書為空間上之抽象藝術，進言之，書者，無聲之音樂，以空間上之符號，說明其內心之律動者也。」〔註68〕

聞一多隸書四言聯

9.4 聞一多《西南行》（1938）；鉛筆速寫

〔註66〕滕固著，彭萊選編《滕固論藝》，上海書畫出版社，2012年6月，第63頁。
〔註67〕胡小石《中國書學史緒論》，《書學》，1943年第1期，第9～96頁。
〔註68〕胡小石《中國書學史緒論》，《書學》，1943年第1期，第9～96頁。

聞一多先生認為書畫從一開始就體現出不同性質，他提倡「異源同流」論。其《字與畫》開篇就說「原始的象形文字，有時稱為繪畫文字，有時又稱為文字畫，這樣含混的名詞，對於字與畫的關係，很容易引起誤會，應當辨明一下。」〔註69〕首先，他說一切文字在最初都是象形的，換言之，都是繪畫式的。但是二者的基本性質完全不同，繪畫的目的是傳達印象，而文字的目的是說明概念。其次，他說繪畫式的文字總比純粹繪畫簡單些，所以可以推測現在看到刻在甲骨上的殷代象形文字，其繁簡程度大概和更古時期的象形文字差不多，將來也不太可能有更富繪畫意味的甲骨文字被發現了。第三，中國的文字的發展與繪畫愈走愈近，文字發展的過程和繪畫發展一樣包括兩個階段：一是裝飾的，一是表現的。例如，銅器上的銘辭和刻在甲骨上的卜辭，卜辭的文字是純乎實用性質的記錄，銘辭的文字則兼有裝飾意味的審美功能。裝飾自然會趨向繁縟的結構與更濃厚的繪畫意味。字體由篆隸變到行楷，字體本身的圖案意味逐漸減少，可是它在藝術方面發展的途徑和繪畫一樣走到一個更高超的境界（表現境界）。總其原因，字自始就不是同繪畫那樣一種拘形相的東西，所以能不受拘牽的發展到那種超我的境界。相比較而言，從裝飾的立場看，字盡可以不如畫，但從表現的立場看，字的地位一上手就比畫高。最後聞一多下結論，稱「品論書畫者常說起『書畫同源』，實際上二者恐怕是異源同流。字與畫只是近親而已。因為相近，所以兩方面都喜歡互相拉攏，起初是字拉攏畫，後來是畫拉攏字。字拉攏畫，使字走上藝術的路，而發展成我們這獨特的藝術——書法。畫拉攏字，使畫脫離了畫的常軌，而產生了我們這有獨特作風的文人畫。」〔註70〕

林風眠從書畫創作的角度分析了書法對中國繪畫的影響，提到草書的表現觀念轉到花卉上來從而促成繪畫觀念的變遷，稱「但是為什麼會傾向到物象單純化的表現？這是與書法有很大關係的。書法的變化，有一個重要的原則，是因日用的關係，皆由繁複而趨於簡易。隸書以前的書法，他們需要的是均齊，平衡，與和諧的表現；草書的傾向，恰與此相反，而注意於線條的形勢及表現的觀念。他的成熟時期，恰在繪畫上曲線美為代表的第二個時代。

〔註69〕聞一多《字與畫》，鄭一增《民國書論精選》，西泠印社出版社，2011年3月，第197頁。
〔註70〕聞一多《字與畫》，鄭一增《民國書論精選》，西泠印社出版社，2011年3月，第197頁。

草書上線條所表現抽象的意義和急救的觀念，移到繪畫上來，如有一筆書，便有一筆劃的創造，無形中便促成繪畫上第三期初期的變化了。〔註71〕

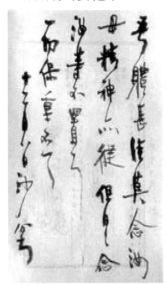

　　朱錦江從地域、取材和技巧三個方面來分析書法與詩畫的關係，其中不乏精彩的觀點。首先他提到地域的因素造成藝術風格的南北差異十分明顯，北方以孔孟思想為主，南方則崇尚老莊，與此相對應的詩經重現實，楚辭偏玄虛；書法也有北碑南帖之分，北碑雄強南帖流利；繪畫亦然，北派李思訓父子的金碧山水工整凝重，南宗的吳道玄王維以水墨為主則渾穆淡逸。其次，從書法及詩畫取材的途徑看，三者都是取貼近自然，從自然當中獲得素材和靈感；第三，從技巧來看，詩畫講究氣韻比較容易理解，書法則很難瞭解。〔註72〕

2.4.2　書法與音樂舞蹈

　　胡小石認為從表現性上看，書法與音樂更為接近，他稱「書畫同源，在乎用筆，此說唐人張彥遠已發之矣。書之表現，既為抽象的，而非具體的，則與其謂書同於圖畫，毋寧謂書同於音樂。書之與樂，可謂皆以抽象的符號為基本因素者，惟音樂為時間上之抽象藝術，而書為空間上之抽象藝術，進言之，書者，無聲之音樂，以空間上之符號，說明其內心之律動者也。」〔註73〕

〔註71〕林風眠《林風眠論藝》，上海書畫出版社，2010 年 1 月，第 91 頁。
〔註72〕朱錦江《論書法與詩畫之因緣》，《書學》1944 年第 3 期，第 134～203 頁。
〔註73〕胡小石《中國書學史緒論》，載《書學》，1943 年第 1 期，第 9～96 頁。

　　蔣彝認為書法與舞蹈一樣講求韻律和節奏，書法家通過作品將思想、個性呈現出來，需要具備文藝方面的綜合修養，所以書法並不是一門簡單的裝飾藝術。稱「將書法與舞蹈進行比較是頗有益處的。大師的書法不是拼湊聚合一些書面符號來傳情達意，而是運動中的冒險，它恰似技藝精湛的舞蹈。舞蹈演員的全身與四肢必須構成和諧、具有節奏的運動。賞玩書法珍品或練習書法時所體會到的樂趣，與這種觀看美麗的舞蹈演員時所感到的快意完全相同。我認為，中國的書法美與圖畫美和舞蹈美屬於同一性質。書法家的目標不純粹是清晰可辨和寫一頁看上去舒服的字，而是將思想、個性與構思等諸方面表達出來。對我們來說，它並不是一門純裝飾藝術。只有具備明顯個性的學者，特別是具有詩詞、文學和音樂修養的學者，才能完成一幅令人滿意的作品。」〔註74〕

　　綜上所述，民國時期的一批美學家對書法本質的問題進行了全方位的思考和討論，也取得了非常顯著的成果。幾十年之後，哲學界和美學界又一次對書法本質展開討論，當代學者薛帥傑《論反書法本質類「現代書法」的式微》回顧了80年代書法美學大討論的情況，大致是由劉綱紀於1979年出版發行了《書法美學簡論》揭開書法美學大討論的序幕〔註75〕，現在看來，80年代中國學者關於書法本質的討論顯得十分樸素，而且有明顯的模仿西方美學尤其是蘇聯美學的痕跡。從思想根源上講，這一次書法美學大討論是民國學者對書法本質思考的一種延續；從產生影響來看，對書法本質的討論很大程度上引發書法領域內部的反思，明晰書法概念的同時又擴大書法的邊界，推動書法現代化的同時也使得人們對傳統書法的認識更加深刻。

〔註74〕蔣彝《中國書法》，上海書畫出版社，1986年1月，第8頁。
〔註75〕薛帥傑《論反書法本質類「現代書法」的式微》，《文藝爭鳴》，2010年第14期，第20～23頁。按，劉綱紀以反映論——「書法藝術的美是現實生活中各種事物的形態和動態的美在書法家頭腦中反映的產物」來解釋書法性質的觀點可謂一石激起千層浪。姜澄清以「書法藝術是抽象的符號藝術」觀點反駁劉綱紀。金學智則以一分為二的辯證折衷二位的觀點，說「中國書法是一門特殊的、複雜的微妙的視覺藝術，它既是精神性的實用藝術，又是偏於抽象的表現藝術，體現了表義性（實用統一於美）、表形性（具象統一於抽象）、表情性（再現與表現的統一）的統一」。接著，白謙慎、陳振濂、陳方既、周俊傑、李澤厚等二十多人專家學者分別從書法美學切入書法本質即「書法是什麼」各自發表了真知灼見。

第3章　民國時期書法的價值論和前途論

　　關於一個事物的價值和前途，每個人都會有自己的判斷，也會有自己的答案，但是當一個事物引起同時代很多學者來關注它的價值、意義、前途的時候，我們應該對此現象予以重視。民國時期，書法的價值和前途就引起不少學者文人的關注，弘揚其價值者有之，恨其阻礙社會進步者亦有之；倡導將書法藝術作為獨立學科者有之，試圖用外國文字取代它者亦有之。回過頭來看一百年以前文人學者的討論，我們可以發現他們不滿足於現狀敢於革新的態度，可以發現他們對學術沒有因循守舊、積極探索思考的精神，這顯然能夠對當今書法的認識和研究提供一些理念上的啟發和幫助。

　　書法的前途，也就是書法究竟該如何發展的問題，為什麼在民國時期引起前所未有的關注度呢？顯然這與二十世紀前期國家民族命運坎坷具有莫大關聯，或者可以說，對書法前途的關心實際上是當時人們關心整個國家和民族命運的一種投射。此外，書法藝術環境的改變例如鋼筆和白話文的廣泛應用也極大地促使人們對書法前途的關注和考慮。從民國學者提出的幾條道路，我們可以看出當時人們的藝術主張和文化心理，也為我們當前書法藝術發展趨向提供了一些重要的經驗和思路。

3.1　書法的價值論

　　對於書法的用途，自古以來，說法不一。比較有代表性的有趙壹、王羲

之、唐太宗、項穆、康有為等人的觀點。民國時期，社會節奏加快，德先生和賽先生、各種主義、科技理所當然佔據人們生活的主要部分，書法的生態環境顯然已經發生重大變化，人們對書法作用的看法的巨大改變也是應運而生。有人認為它是舊事物，影響了教育的普及，帶來與歐美文化的交流不便，阻礙中國文明的進程和中國文化的發展，例如魯迅、錢玄同；有人認為書法應該成為純粹的審美工具，例如宗白華等；有人認為書法可以作為工作之餘排遣心緒的工具，例如王國維、梁啟超、弘一、白蕉等。

3.1.1 文化價值論——文飾人道

眾所周知，吃穿住行等物質生活是人賴以生存的條件，文化藝術等精神生活則是人區別於動物的最大特徵。張之屏對書法作為文飾人道的一種文藝工具展開論述，「夫世界之文明，由文飾而成。譬之衣服之用，以被體，以禦寒而已，而必紗羅錦綺，朱綠玄黃，胡為者？不如是，無寧卉服衣革也……蓋質者，人道之所賴以存；而文者，人道之所賴以尊。若字者，亦文飾人道之一事也。」〔註1〕他舉例如王羲之父子、鄧石如，證明對於文人來說「名書寶翰，見重於世」的重要意義，接著稱「更有山川之巨麗，古今之勝蹟，全賴文字裝點已成者。」〔註2〕他所說的「人道之所賴以尊」以及「山川古蹟裝點以文字」都是文飾之用，而文飾的意義不外乎在於秩序和規矩的標榜，我們回顧一下書法史就能發現其中道理，無論是唐太宗評王書的「盡善盡美」，還是張懷瓘所謂「中庸」，項穆、劉熙載所論之「中和」，都是在為書法確立綱常秩序和理論標準。秩序在書法上的轉化，隨處可見，書法能在滿足其實用功能的前提下，做藝術的調節與發展變化，也是秩序的作用。在歷史上，秩序或根基於文化，或出自政令規定，或源於思想觀念的潛移默化，或隨藝術規律而建立，始終以書法藝術的社會化為存在條件和價值。〔註3〕

書法在中國一向具備強大的社交功能，蔣彝著重提到良好的書寫有助於仕途的進步以及友誼的建立和鞏固，這是對書法實用功能準確的概括，直到

〔註1〕 張之屏《書法真詮 宗旨第十八》，崔爾平編《明清書論集》，上海辭書出版社，2011 年 8 頁，第 1493 頁。
〔註2〕 張之屏《書法真詮 宗旨第十八》，崔爾平編《明清書論集》，上海辭書出版社，2011 年 8 頁，第 1494 頁。
〔註3〕 叢文俊《書法史鑒——古人眼中的書法和我們的認識》，上海書畫出版社，2003 年 12 月，第 58 頁。

現在依然如此，這其中蘊含了我們民族特有的文化心理，這種文化心理是建立在對長久以來整個民族對漢字的使用和審美之上。他說「以往的時代，良好的書寫能力是通向仕途的敲門磚，一筆好字是科舉考試最基本的，也是最高的要求之一。直至現在，一手好字仍然是社交中的得力工具。如前所述，我們往往從一個人的筆跡中判斷他的品格，而且許多友誼是通過信札上精彩的字跡建立和鞏固起來的。我們對有才氣和修養的書法傾慕到如此地步！我們甚至相信，我們能夠從一個人的手跡中鑒別出他的學識，因為書法不僅需要持之以恆的實踐和嚴格的訓練，而且還需要廣博的學識素養。」〔註4〕

　　以上所說書法價值能引起整個民族的共鳴，當然是由於背後的文化屬性所決定。陳康首先對書法作為國學如何體現中國文化核心思想作了詳細闡述，中國哲學最重要的是中庸之道，表現為內剛外柔行至極之仁，而書法兼具骨力和氣韻正是剛和柔的統一；另外他對書法與修養的關係提出獨到見解，他認為人的秉性決定了人生需要修養，而修養不外乎養靜、養正、養和三種主要綱目，那麼書法則可以視為人生修養之大成，原因在於書法需要靜修，其骨力是將天地浩然正氣運用到點畫之間，其氣韻則是一中庸之情感結成書法形態，用他的話來說就是「藉學書之氣韻以習和，藉學書之骨力以習正，藉學書之專凝以習靜。」〔註5〕于右任甚至將書法看作是凝聚民族精神的有力武器，我們從他提出「草書文字是中華民族自強的工具」就能夠看出中國文人心中的書法情結，「而在于右任的眼中，一個民族的書寫方式關係到這個民族的興亡盛衰，這一歷史背景激發了其重整草書的雄心壯志，他提出「草書文字，是中華民族自強工具」的強烈口號。」〔註6〕

3.1.2　消遣說──王國維的「勢力之欲」

　　藝術有消遣遊戲的特性，西方有學者認為藝術起源於遊戲，中國古代也很早就有「游於藝」的說法，民國時期學者對書法藝術作為消遣娛樂的功能做出學理上的闡釋，尤其是王國維的權力欲望說可以說是將書法遊藝觀往前推進了一大步。

　　書法與琴棋詩畫一同成為中國文人的精神享受方式，文人們投入精力和

〔註4〕蔣彝《中國書法》，上海書畫出版社，1986年1月第一版，第8頁。
〔註5〕陳康《書學概論》，《民國叢書》第二編，上海書店，1990年10月，第14頁。
〔註6〕王昌宇《〈流沙墜簡〉與民國時期草書的復興》，《書法》，2013年第7期，第44～49頁。

時間並樂在其中，認為書法最大的益處是養心。梁啟超多次提到書法是最好的娛樂，他建議學書者不要模仿柳公權的字，理由是柳公權書法乾燥枯窘，導致「學他的人，一點不感樂趣」，他說「學字本為娛樂，乾燥無味，還有什麼意思呢？」〔註7〕這與古典書論中「欲書先默坐靜思如對至尊」那種神聖感、神秘感形成很大反差，另外他反對清朝翰林字提倡性靈生動風格，顯然，他對書法是站在現代文人把玩藝術的角度。姚宏文曾說「書最足以養心，明窗淨几，伸紙揮毫，亦人生之樂事。而陶情適性，與詩並為二美。昔人云：得意唐詩晉帖間，信哉。或以臨池為苦者，未足與語書道也。」〔註8〕黃賓虹也曾說過歐洲人認為藝術是精神食糧，而琴棋書畫則是中國文人貴族特有的精神食糧。〔註9〕白蕉《雲間書跋甲集》稱「每以作字為消遣，賢於博弈」。

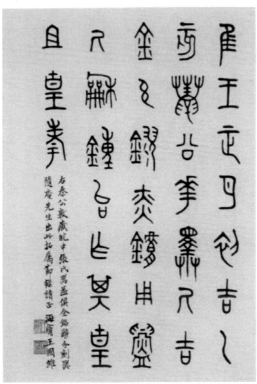

王國維書金文

〔註7〕梁啟超《書法指導》，鄭一增《民國書論精選》，西泠印社出版社，2011 年 3 月，第 23 頁。

〔註8〕姚宏文《自在軒論書》，《會報》，1928 年第 39 期，第 65 頁。

〔註9〕見陳柱《與黃賓虹教授論書書》，趙志均編《黃賓虹書簡續》，河北教育出版社，2005 年 2 月，第 124 頁。

　　梁啟超、白蕉、陳柱等人認為書法是消遣娛樂的工具，看起來這樣的觀點更多地只是古代遊藝觀的一種承繼，那王國維則開始用哲學的方式來對這種遊藝觀進行深入地分析，他提出的勢力之欲學說無疑是民國時期一大亮點。王國維考察了人間種種嗜好諸如煙酒、博弈、宮室、車馬、衣服、馳騁、田獵、跳舞、常人對書畫古玩及戲劇的愛好等等，並將這些愛好種類歸根於勢力之欲、生活之欲等不同的欲望類型，指出常人對書畫古玩的喜愛是出於一種勢力欲望的滿足感，稱「若夫宮室、車馬、衣服之嗜好，其適用之部分屬於生活之欲，而其裝飾之部分則屬於勢力之欲。馳騁、田獵、跳舞之嗜好，亦此勢力之欲之所發表也。常人對書畫、古玩也亦然。彼之愛書籍，非必愛其所含之真理也；愛書畫古玩，非必愛其形式之優美古雅也。以多相炫，以精相炫，以物之稀而難得也相炫。讀書者亦然，以博相炫。一言以蔽之，炫其勢力之勝於他人而已矣。」〔註 10〕在此基礎上，王國維指出文學藝術的創作也是勢力之欲的發表，他將文學藝術看成是成人的精神遊戲，平常生活中不能表達的東西通過文藝得以表達出來，人的欲望得到滿足，而文藝創作者不同於平常人的是，他們企求創作出能夠傳承的作品以得到永久的勢力，他說「吾人內界之思想感情，平時不能語諸人或不能以莊語表之者，於文學中以無人與我一定之關係故，故得傾倒而出之。易言以明之，吾人之勢力所不能於實際表出者，得以遊戲表出之是也。故自文學言之，創作與賞鑒之二方面亦皆以此勢力之欲為之根柢也。文學既然，他美術何獨不然？……彼等以其勢力卓越於常人故，故不滿足於現在之勢力，而欲得永遠之勢力。」〔註 11〕從根源上看，王國維將生活的欲望和勢力的欲望歸根於最開始人類優勝劣汰的競爭規律，他說「人類之生活，既競爭而得勝矣，於是此根本之欲復變而為勢力之欲，而務使其物質上與精神上之生活超於他人之生活上。此勢力之欲望，即謂之生活之欲之苗裔，無不可也。」〔註 12〕當代學者雷文學認為「王國維「生活之欲」的觀點來自於叔本華，而這裡的「勢力之欲」則類似於尼采的「權力意志」。尼采否定了叔本華將求生存的意志看成世界的本質的觀點，認為生存已經存在了，沒有必要再去追求；而權力意志——即支配世界、支配他人的意志才是世界的真正本

〔註 10〕王國維《王國維文集》，北京燕山出版社，1997 年 2 月，第 54～255 頁。
〔註 11〕王國維《王國維文集》，北京燕山出版社，1997 年 2 月，第 256 頁。
〔註 12〕王國維《王國維文集》，北京燕山出版社，1997 年 2 月，第 253 頁。

質。王國維認為勢力之欲就是「務使其物質上與精神上之生活超於他人之生活上」，是受到了尼采「權力意志」論的影響。」〔註13〕

3.1.3　實用性與藝術性的統一論

沈從文通過對書法源流以及變革原理的分析，得出書法從古老的甲骨文開始就同時具備實用價值和藝術價值的結論，無論是篆隸還是草書都是在講求便利的前提下體現出對造型美的關注，他說「我們不妨從歷史考察一下，看看寫字是不是有藝術價值。就現存最古的甲骨文字看來，可知道當時文字製作者，在點線明朗悅目便於記憶外，已經注重到它個別與群體的裝飾美或圖案美。到銅器文字，這種努力尤其顯然（商器文字如畫，周器文字極重組織）。此後大小篆的雄秀，秦權量文字的整肅，漢碑碣的繁複變化，從而節省為章草，整齊成今隸，它那變革原因，雖重在講求便利，切合實用，然而也就始終有一種造型美的意識浸潤流注，方促進其發展。」〔註14〕另外他還指出人們對書法的價值的認識也存在矛盾的心理，一方面懷疑書法的藝術性，一方面有不由自主認可書法的藝術性。「字的藝術價值動搖浮泛而無固定性，令人懷疑寫字是否藝術，另外有個原因，不在它的本身，卻在大多數人對於字的估價方法先有問題。到記日用帳目或給什麼密友情人寫信時，這輕視它的人總依然不肯十分疏忽它，明白一個文件看來順眼有助於達到目的。家中的臥房或客廳裏，還是願意掛一幅寫得極好的對聯，或某種字體美麗的拓片，作為牆頭上的裝飾。」〔註15〕

當時不少學者認為中國人之所以看重書法藝術，其中一個重要原因是因為漢字比其他文字更加容易表現視覺美，蔣彝認為漢字書寫過程實際上就是一種視覺藝術的構思，「說話和書寫同是人類實現其表達思想這一願望的形式：一個通過聽覺起作用，另一個則通過視覺；一個通過口中發出的聲音傳到耳朵，另一個則通過書寫的結構與形象作用於眼睛。一個寫得好的漢字本身就是一個藝術構思，完全可以這樣說，漢字在很大程度上比起任何其他文字，更易於表現視覺的美。」〔註16〕

〔註13〕詳見雷文學《王國維的藝術哲學思想》，重慶師範大學學報（哲學社會科學版）2010 年第 5 期。
〔註14〕沈從文《談寫字》，《抽象的抒情——沈從文別集》，嶽麓書社，第 214 頁。
〔註15〕沈從文《談寫字》，《抽象的抒情——沈從文別集》，嶽麓書社，第 215 頁。
〔註16〕蔣彝《中國書法》，上海書畫出版社，1986 年 1 月第一版，第 8 頁。

沈從文書法

3.1.4　書法無藝術價值論

　　民國時期一批思想激進的學者迫切希望改變中華民族落後挨打的局面，展開對傳統文化的反思與批判，書法作為典型的中國傳統文化門類自然很容易就遭受到這批學者的攻擊。至於有人提出保存國粹的觀點，他們旗幟鮮明，針鋒相對予以否定，陳獨秀曾說：「吾寧忍過去國粹之消亡，而不忍現在及將來之民族，不適世界之生存而削滅也。」〔註 17〕魯迅則認為，儘管從清朝末年以來，常常有人聽說要「保存國粹」，但保存的前提是：「要我們保存國粹，也須國粹能保護我們。保存我們，的確是第一義。」〔註 18〕

　　這一批對書法的價值持否定態度的學者存有幾個共同觀點，一是認為漢字是落後的語言工具，既費時又費力；一是書法沒有藝術價值。許地山認為現代文明講求科學，而漢字則是落後的求知工具，最大原因是費時，人們因為不想將時間和精力全部用在文字上面，文字改革因而發生。他站在時代先鋒的立場，

〔註 17〕陳獨秀《獨秀文存》，安徽人民出版社，1987 年第 1 卷第 5 頁。參見劉鶴翔
　　　　碩士論文《清末民初書法現代性研究》。
〔註 18〕魯迅《隨感錄之二十五　保存國粹》，原刊於《新青年》1918 年 10 月 15 日。
　　　　參見江平《魯迅書法論》，《中國書畫》，2003 年第 9 期。

提倡文字由表義字向表音字發展，從而使廣大民眾便於學習知識、掃除愚昧。
另外，漢字與繪畫、雕刻等不同，目的在於實用而並不在欣賞，它並沒有任何
藝術價值。他甚至總結中國文字不進步的原因有以下幾點：一是文字被看為極
神聖，二是識字是士大夫，三是書法是藝術。〔註19〕傅斯年並不承認文字含有
美術的意味，反而認為漢字的書寫與中國婦女的纏足一樣是違背性靈的手藝，
所以聲稱書法根本沒有任何意義可言。他說「語言是表現思想的器具，文字又
是表現語言的器具，惟其是器具，所有都要求個方便。一般頑固黨並不像我一
樣回答，他們總是說，器具以外，還含有美術的意味。哈哈，這真是笑死我了！
假使認漢字做美術物，保存起來，還須認中國婦女的纏足、西洋婦女的束腰、
澳洲土人的文身美術物，同樣保存起來，這都是違背性靈而成的手藝，這都是
只有樣式沒有意義的作為。凡是一種美術，須得有意義、有標準、有印象。請
問書法是什麼意義，使人生什麼印象？什麼是判斷它的美惡標準？……誰不是
一攤墨，弄到白紙上，有什麼意義？使人生什麼印象？什麼是判斷他美惡的標
準？……還不是些怪秘的感想，不可理喻的嗜好，所以主張書法和研究書法的
人，都是吃飽飯，沒事幹，閒扯淡。」〔註20〕

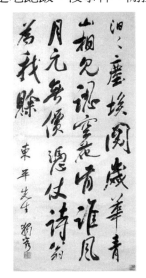

陳獨秀書法

傅斯年書法

〔註19〕許地山《國粹與國學》，見曹建《20世紀書法觀念與書風嬗變》，上海三聯書
店，1012年6月，第190頁。

〔註20〕傅斯年《漢語改拼音文字的初步談》，《傅斯年全集》，湖南教育出版社，2003
年，第62頁。

3.2　書法的前途論

　　自甲午戰爭以來，西學東漸日益深入，西方文明成果越來越多地在中國社會的各個領域產生影響，民族文化的自卑心理成為普遍存在，人們對現狀和未來往往感到悲觀，迫切希望通過「師夷長技」來改變落後局面。民國時期，內憂外患、狼煙四起，在民族存亡國家危難之際，實用主義大受歡迎和追捧，吟風弄月的文藝形式已經顯得不合時宜，無論是文學戲劇還是美術雕塑，或批判社會政治體制，或啟迪科學民主思想，大多帶有明顯的現實主義色彩。文學、美術、音樂等藝術門類直接借鑒和模仿西方的發展道路和研究成果，而書法難以找到與之相對應的參照對象，因此，書法的性質、價值、出路等等受到質疑，民國學者諸如梁啟超、于右任、魯迅、錢玄同、梁實秋、林語堂、沈從文、張蔭麟、鄧以蟄等對中國書法的前途問題做出集體性的理論觀照，他們分別從書法的實用功能和藝術審美功能對這一問題進行思考，表達出截然不同的觀點，漢字書法拉丁化、標準草書和書法藝術學科化成為當時學者提出的三條主要出路。改變民族命運的迫切心理、文藝進化論的影響以及鋼筆、白話文的運用等多種因素促成了這樣一種對書法前途的集體反思。

　　應該說，實用與審美二元對立帶來抉擇難題在民國時期顯得尤為突出，郭沫若的這一段話幾乎可以看作 20 世紀以來中國學者對漢字和書法的一種矛盾心態的典型表達，「我對漢字是有深厚的感情的。不僅現行的漢字我愛它，就是前代的漢字，無論是甲骨文、金文、篆書、隸書、行書、草書，我無一不愛。我不僅把漢字作為工具在使用，而且能對它們作藝術欣賞。中國的漢字是具有獨創性的文字，而中國的書法更是具有獨創性的藝術。但是，這優美而具有獨創性的文字，在作為文字使用上確實是難於掌握的工具。它的字數太多、讀音不準確，要提高人民的文化水平和生產效率，文字的簡易化乃至現代化，實在是一件頭等重要的事。」〔註21〕

　　漢字優美且具獨創性，但也存在字多難寫、不易普及傳播等問題，從根本上說這是漢字和書法本身實用性與藝術性之間的矛盾，此種矛盾在以往精英文化時代尚未凸顯，但隨著現代文明進程的加速，情形發生很大變化，人們面臨著對漢字書法進行取捨的難題。民國時期眾多學者圍繞漢字和書法提

〔註21〕郭沫若《日本的漢字改革和文字機械化》，《科學通報》，1964 年 5 月，第 377
　　　　～385 頁。

出的不同看法和觀點，也正是基於他們處在特殊的歷史時期站在不同的角度作出的判斷。瞿秋白、陶行知從文字實用功能的角度認為漢字不適應時代需求而倡導書法拉丁化，魯迅、錢玄同甚至聲稱「廢除漢字必須同時廢除漢語」，于右任、劉延濤等採取折衷的方式推行標準草書，梁啟超、林語堂、宗白華、鄧以蟄等人高度肯定書法在中國文化藝術中的審美意義，梁實秋、沈從文、張萌麟、朱自清等人中表達了其對書法現狀和未來的擔心，他們主張書法藝術應當獨立成科，提倡培養專門人才，強調技術語言及創新能力。

3.2.1　三種主要論調及其觀點

3.2.1.1　革命論——漢字書法拉丁化

第一種論調以漢字書法拉丁化為代表，我們可以稱之為革命論。

新文化運動以來，革命事業蓬勃發展，人們迫切需要找到一種適合最廣大群眾學習和實用的語言，所以二十世紀 30 年代興起大眾語運動，其中自然涉及到工具問題即文字的問題。受蘇聯革命思想影響的瞿秋白等人對漢字改革做出長期思考和總結，借鑒日本的漢字拉丁化成果，提出一系列改革中國文字的方案和舉措，受到了左翼聯盟魯迅、錢玄同等人的贊同和支持。

在這場文字改革運動中，無論是黎錦熙提倡的國語羅馬字還是瞿秋白、陶行知提倡的拉丁化新文字實際上大同小異，從根本上來說他們都認為漢字是落後的文字，想通過給漢字注音或者是將漢字拼音化來達到去象形文字的目的，以提供統一、簡單、高效的文字拼寫方式，便於廣大勞苦百姓學習和運用；其理論基礎建立在西方傳來的所謂人類文字發展的三段論，即由圖形文字到形意、意音，再到拼音文字的模式。〔註22〕

這一類論調具有以下幾個特點：首先，具有明顯的階級鬥爭性質，思想激進的革命論者認為古代漢字以及書法是上古封建社會的產物，是統治階級奴役勞苦大眾的工具。〔註23〕在當時「左傾」思想日益加劇的社會背景下，文藝界從思想到情緒都易於產生革命的衝動。1927 年召開的「北京藝術大會」，其章程以「實現整個的藝術運動，促進社會化」為宗旨，並指出極左

〔註22〕李敏生《不能忘卻的紀念——陳夢家反對漢字拉丁化的歷史意義》,《漢字文化》，2006 年 4 月，第 93～94 頁。

〔註23〕焦風（譯）《中國語書法之拉丁化——象形文字之階級的本質》,《國際每日文選》，1933 年 12 月，第 2～4 頁

的口號，如「打倒模仿的傳統的藝術！打倒貴族的少數獨享的藝術！打倒非民間的離開民眾的藝術」等。〔註24〕另外，根本目的在於通過普及大眾教育，學習西方科技，實現民族復興。他們認為中國的落後與中國漢字有關，漢字的書寫太慢、效率低下，導致知識普及困難，造成大眾愚昧無知，因此得出「只有拉丁化，才是國際革命的、政治的、科學的以及藝術的各種術語有機地灌輸到中國語言的一條容易的道路」的結論。于右任對此潮流做出過簡要分析，稱「民國以來，國內學者多注意於文字之改革，有提倡注音字母者，有提倡簡字者，且有提倡國語羅馬字者，甚用心良苦，蓋皆以為處此大時代中，若沒有優良簡便之文字，以為人類文化進展之工具，便不能立足於大地之上。」〔註25〕

對於漢字落後的觀點，有學者提出反駁，徐悲鴻認為漢字沒有任何問題，問題在於國民教育沒有跟上，他反對所謂改革中國漢字的「國語運動」，他發表文章的標題為「學術研究之談話」，最後一段文字如下「中國文字之每況愈下，其情境之可憐，無異西方畫派。將來中國無可讀之文，或將轉而求之日本矣！總之一國之文字，決不能因人民程度之低而自趨卑下。譬如中國鄉民，遇一切美觀之事物，只能說「好看」「好看」，而法國鄉民而能以「joli 佳」「beau 美」「charmant 豔」「splendide 華」等不同之詞，以形容之，此蓋知識程度之不同也。又如國語普及問題，更與提倡白話，毫無關係，普及之法，只須頒定一新學制，凡欲在師範學校畢業者，必須精通國語，平時無論上課或自修，限用國語，其學有大成而於國語未盡嫻熟者，雖已及格，只可派往北方通行官音之數省任講席，如是則國語教育，未有不普及者，又何必虛張聲勢，而以「國語運動」相號召耶！」〔註26〕

按照漢字拉丁化理論與主張，我們不難推斷，書法的未來存有兩種可能，一種是隨著漢字的消亡而消亡，激進者如錢玄同提出「廢除漢字必須同時廢除漢語」的口號，漢字一旦成為完全拼音文字，便不再是具有象形意味的方塊字，實際上等同於消亡；一種是漢字傳承工作專業化，折衷一些的學者例如陶行知、郭沫若等認為漢字可以保留但僅僅用於識讀，而拼音字母則用於

〔註24〕彭飛《知音傳雷——林風眠研究之十二》，《榮寶齋》，2008 年 3 月，第 272～281 頁。
〔註25〕于右任《標準草書與建國》，《草書月刊》，1941 年 4 月，第 1～4 頁。
〔註26〕王震編《徐悲鴻藝術隨筆》，上海文藝出版社，2012 年 3 月，第 8 頁。

交流書寫，絕大部分人不需要使用漢字，而只需要少數人細心保存或者專門
從事漢字傳承工作即可。

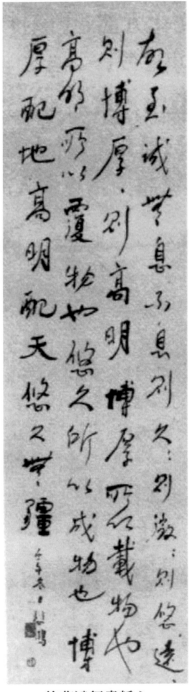

徐悲鴻行書靜心

3.2.1.2　改良論──標準草書、漢字簡化運動

　　第二種論調以于右任標準草書、漢字簡化運動為代表，我們可以稱之為改良論。與激進的漢字拉丁化倡導者不同，于右任、劉延濤等對傳統文字和書法更多地是持一種肯定的態度，同時他們認為要想適應新時代的需求，漢字的書寫方式必須改進。他們力圖通過對漢字的改良，以求書寫便利、統一明瞭，從而節省國民的時間，改變國家落後的局面。在《標準草書自序》中，于右任說「文字乃人類表現思想發展生活之工具，其結構之巧拙，使用之難易，關於民族之前途者至切！」〔註 27〕他認為「廣草書於天下，以求製作之便利，盡文化之功能，節省全體國民之時間，發揚全族傳統之利器」是當務之急，因此，他身體力行創立草書社，堅持整理並推行標準草書長達幾十年之久。一些學者諸如劉延濤、胡公石等跟隨于右任堅定推行標準草書，其中有人甚至將這一工作堅持到至今。

于右任先生像
方鏡熹提

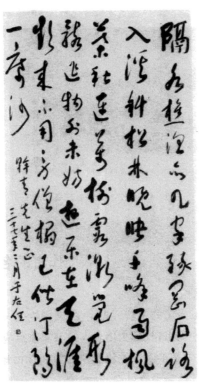

于右任草書立軸

〔註 27〕于右任《標準草書》，上海書店出版社，1983 年 10 月，第 1 頁。

1975年容更先生在中山　　1980年容更先生在中山大學　　《題八大山人〈蘭亭
大學古文字研究室　　　　東南區1號2樓寓所陽臺　　　記冊〉手蹟》

（《名家翰墨》「資訊」第二　（《名家翰墨》「資訊」第二期第　（《容庚法書集》第148
期第28頁）　　　　　　　28頁）　　　　　　　　　　頁）

　　于右任倡導的標準草書操作方案大致如下：總的原則是從古代經典草書
寫法中找出易識、易寫、準確、美麗的草法作為書寫標準，「唯期以眾人之
所欣賞者，還供眾人之用。並期經此整理，習之者由苦而樂，用之者由分立
而統一，此則作者唯一希望也。」〔註28〕選擇獨體範字和規定統一的草書代
表符號是其重要任務，于右任稱「代表符號是經，四原則是緯。」他想通匯
章草今草和狂草，根據不同部首在草書寫法上的相同整理出各種基本符號。
〔註29〕具體來講，以《千字文》為底本，在歷代草書法帖中選字，淘汰不合
原則者，選用符合原則者。劉延濤回憶說：「當時選字的情形是這樣的：《千
字文》中每一個字，古來書法的草法只要我們能看到的就把它鉤出來，然後
開會審查，先把不合於原則的淘汰去，再就合於原則的選用最早的作者。」
〔註30〕按照于右任及其追隨者的設想，只要堅持推行並完善標準草書，中國
的書法將具備「客觀之原則」、「系統之組織」，成為能「深入民間以宏其用」
的簡單統一的符號形態。

　　另外一種方式是漢字的簡化，以容庚為例，他認為楷書不新不舊，已經
不再適應社會需求，稱「文字變遷，由繁而簡，秦漢二代，其篆隸嬗變之時
乎。由隸而楷，於今復千六百餘年。使字體而盡美盡善也，雖百世不變可也。
弟此繁重之字體，已為識者所指疵，愚者所毀棄，有蛻變而為簡字之趨勢矣。」

〔註28〕于右任《標準草書》，上海書店出版社，1983年10月，第3頁。
〔註29〕于右任《標準草書與建國》，《草書月刊》，1941年4月，第1～4頁。
〔註30〕沃興華《論于右任書法》，《中國書畫》，2007年第8期。

〔註 31〕我們從其《漢字簡化不容翻案》一文就能瞭解他為漢字簡化所做的努力，「民國以後，教育上有種種改進，白話文和簡體字皆在提倡之中。錢玄同先生減省現行漢字的筆劃案（《國語月刊》「漢字改革號」），舉簡體字八種構成的方法……我是主張採用簡體的人，1933 年 5 月曾自製簡體寫《頌齋吉金圖錄》，1934 年 5 月又用簡體寫《金文續編》。1935 年 8 月，國民黨教育部頒行簡體字表 324 字，但為頑固官僚所反對，旋即廢止。1936 年 8 月我曾編寫《簡體字典》，以《平民字典》4445 字為準。學校中學科很多，學習惟日不足，哪能糟蹋許多時間在寫字上。」〔註 32〕

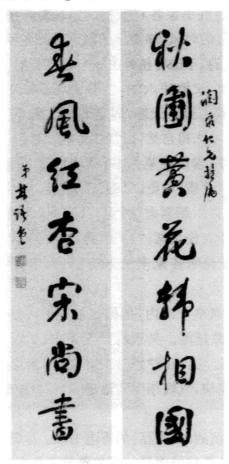

林語堂行書七言聯

〔註 31〕容庚《金文續編序》，曾憲通編《容庚雜著集》，上海中西書局，2014 年 10 月，第 57 頁。

〔註 32〕容庚《漢字簡化不容翻案》，原載《文字改革》1957 年第 11 期

3.2.1.3　獨立論——書法藝術學科化

第三種論調是提倡書法藝術學科化，可以稱之為獨立論。如果說革命論和改良論是激進派學者從文字實用角度出發急於改變現狀的提法，那麼，王國維、梁啟超、宗白華、鄧以蟄、張萌麟等一批學者仍然在關注著書法的藝術審美特性，他們受到康德、叔本華美學思想的影響，思考著新的人文環境下書法的生存空間、存在價值及其出路問題。他們的觀念存有以下幾個內在共同點：

首先對書法的審美意義大多數人持肯定態度。民國學者往往通過對東西方各種不同藝術門類的比較，從藝術學原理的角度看待書法，書法不受自然形體約束以及適於抒發情感表達個性的特點受到一些學者的讚賞。梁啟超認為書法最能表現人的個性，在多種場合下提到書法為最高級的一種美術。他在《書法指導》一文中稱「如果說能夠表現個性，就是最高美術，那麼各種美術，以寫字為最高。」〔註33〕他將書法的線條美提到相當的高度，認為書法依靠線條表達性情，無拘無束，在《櫻山論書詩序》中稱「今西方審美家言，最尊線美，吾國楷法，線美之極軌也。又曰，字為心畫，美術之表見作者性格，絕無假借者，惟書為最。」〔註34〕鄧以蟄通過書法與繪畫的比較，認為書法是發自內心不受具象束縛，因此應當為藝術最高境界，這與梁啟超的觀點幾近相同。在《書法之欣賞》一文中稱「吾國書法不獨為美術之一種，而且為純美術，為藝術之最高境。畫之意境猶得助於自然景物，若書法正楊雄之所謂書乃心畫，蓋毫無憑藉而純為性靈之獨創。」〔註35〕豐子愷在《藝術的園地》一文中提出書法在視覺藝術中佔有最高地位的觀點，稱「藝術的主要原則之一，是用感覺領受。感覺中最高等的無過於眼和耳。訴於眼的藝術中，最純正的無過於書法。」〔註36〕

其次，透露出明顯的現代美學思想觀念，運用了諸如線條、形體、韻律、光、快感、美感等眾多現代美學名詞和概念。這樣的轉變意味著書法本體研

<hr />

〔註33〕梁啟超《書法指導》，鄭一增《民國書論精選》，西泠印社出版社，201 年.3 月，第 19 頁。
〔註34〕梁啟超《飲冰室文集》，中華書局，1926 年 9 月，第 186 頁
〔註35〕鄧以蟄《書法之欣賞》，鄭一增《民國書論精選》，西泠印社出版社，2011 年 3 月，第 117 頁。
〔註36〕豐子愷《藝術的園地》，《民國書論精選》，西泠印社出版社，2011 年 3 月，第 203 頁。

究的具體化，書法美的討論由籠統開始轉向具體分析，線條、形體、韻律等書法藝術的基本語言開始得到更加深入的探討。例如梁啟超提出書法四美：線的美、結構的美、力的美、光的美、個性的美。林語堂稱「書法提供給了中國人民以基本的美學，中國人們就是通過書法才學會線條和形體的基本概念的。因此，如果不懂得中國書法及其藝術靈感，就無法談論中國的藝術。」〔註37〕他甚至建議西方藝術家通過學習書法來研究萬物有靈的原則，從而得到對自然界韻律的重新認識。尤其值得一提的是張萌麟，他從藝術哲學的角度分析中國書法中所包含的美學原理，具有非常鮮明的西方藝術哲學色彩。他不但提出包括書藝與公認藝術的根本類似點、書藝作為藝術的特殊性、書藝派別的美學意義等幾大令人深思的藝術原理問題；還具體闡述書法作為線條藝術不可填改的理由，認為線條一經填改便會影響觀者的重構創造，進而分析平衡如何引起快感以及韻節何以引發美感等問題。〔註38〕

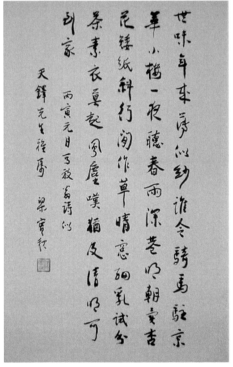

梁實秋作品

〔註37〕林語堂《中國書法》，《民國書論精選》，西泠印社出版社，2011 年 3 月，第102 頁。
〔註38〕張萌麟《中國書藝批評學序言》，《大公報.文學副刊》，1931 年 5 月 25 日。

　　同時，他們敏銳地發現書法的創作、書法本身的定位面臨一系列問題。一方面清晰地認識並分析書法創作上出現的衰敗現象。有的學者認為書法衰敗根本原因在於士大夫階層衰落，有的則認為藝術教育沒有得到重視是主因。梁實秋《書法的前途》稱「中國書法至晉唐而登峰造極，以後難以企及，至於晚近，則急劇衰落」，他認為其主要原因乃社會性質之根本改變，因為士大夫階級、文人雅士根本衰落了。」〔註39〕宗白華《與沈子善論書》對當時的藝術氛圍提出批評，稱「嘗以為今日書學之衰微，學校教育，未能重視，實為主因。古代中國書藝，為社會普遍文化，漢代邊疆小吏，六朝善男信女，往往意趣甚高，今則號稱書家，未能免俗，整個藝術空氣之頹廢，其奈之何。」〔註40〕另一方面則提出書法本身的泛化問題。沈從文提到書法藝術價值、書法的評價標準等現實性問題，他十分尖銳地指出由於書法是一種「誰也知道一兩手的玩意兒」，而且很多不懂欣賞的人附庸風雅，對於名公巨卿敬盲目崇拜，「把字當成一種人格的象徵，一種權力的符咒」，從而「無形中自然就獎勵到庸俗與平凡」。他認為如此一來，藝術的標準降低，冒充行家越多，藝術也就墮落了。〔註41〕

　　最後，他們普遍認為書法的前途在於書法作為專門的藝術獨立成科，因此提倡純粹藝術，倡導培養專門人才。朱自清提出書法藝術和古文古書的研究應當留給少數有興趣的人，大學或者獨立學院負責培養這批愛好者。梁實秋提出兩大解救辦法：一是有意識地把書法當做是一種藝術來看；一是有計劃地培植有志於書法的藝術天才。沈從文也在《談寫字（一）》中明確指出「分工應當是挽救這種藝術墮落可能辦法之一種」，只有分工明確，「真的專家行家方有抬頭機會，這門藝術也方有進步希望。」〔註42〕陳康在《書學概論》自序中稱：「中國書學為中國人獨有的國粹，近年以來，國人多不重視，至此特有之藝術，行將滅絕。反觀日本則竭力提倡，各學校設有書道課程，朝野之書道研究會，及書道刊物，更不可勝數。中國文化最古，什麼發明和創造，

〔註39〕梁實秋《書法的前途》，鄭一增《民國書論精選》，西泠印社出版社，2011年3月，第173頁。

〔註40〕宗白華《與沈子善書》，鄭一增《民國書論精選》，西泠印社出版社，2011年3月，第169頁。

〔註41〕沈從文《抽象的抒情——沈從文別集》，嶽麓書社，1993年12月，第213～218頁。

〔註42〕沈從文《抽象的抒情——沈從文別集》，嶽麓書社，1993年12月，213～218頁。

大多起源於中國，然今日什麼科技與學術，都是別國昌明，而中國反形落後。倘此唯一中國特有而別人不易盜襲的書學，自己又不能保存和發揚，將來我們的子孫想研習此道，反去日本找資料，那我們真當愧死。」〔註43〕

3.2.2　這場討論生成的內在原因

3.2.2.1　民族存亡危機引發人們對社會現實的懷疑，改變現狀訴求未來成為當時潮流

　　縱觀歷史，處於政治經濟動盪不安的社會往往會有敏銳而深刻的思想家哲學家出現，他們對新舊事物的看法、對社會制度的評判、對人性道德的考量都會對社會發展趨向產生極其重要的作用，例如春秋戰國百家爭鳴、魏晉南北朝玄學興盛，民國當然也不例外。民國時期戰火紛飛，政治動盪，各種「主義」層出不窮爭論不休；現代科技不斷湧入，東西文化交織碰撞，德先生和賽先生成為時代的焦點。一批批學者留洋歸來，帶著救國救民的滿腔熱忱投身到文藝創作當中，其中不乏學貫中西者，特立獨行者，前衛激進者，傳統堅守者，一時間大師林立，蔚為壯觀。國家民族的前途、政治經濟發展的前途、醫療教育的前途等等都成為有志之士思考討論的重要話題。例如，以復興中華民族等為社會熱點的二十世紀二三十年代，在中國傳教30多年之久的美國傳教士明恩溥（Arthur H. Smith）著有《中國人的特性》一書，在中國近代知識分子中間影響很大，魯迅21歲在日本時便仔細研讀了該書的日譯本，並由此致力於揭示和改造中國人的國民性，直到臨終前還向國人鄭重推薦該書，力圖找到一條民族復興之路。〔註44〕

　　美國學者費正清認為民國初到五四運動前，整個社會環境是墮落殘破腐敗，進化難以超越頑固，「客觀地研究1911年至1919年間中國社會各區域的差別將能揭示出各種各樣的不同情況，其中甚至會有一些事屬於積極的進步事件。然而，在多數所謂的「高級」知識分子的眼睛裏，這個階段的全部景象無非是墮落、殘破、腐敗和野蠻。在中國，進化的洪流似乎總是要陷入令人沮喪的泥沼之中。」〔註45〕民國學者在日常生活當中有意無意之間都會透露

〔註43〕陳康《書學概論》，《民國叢書》第二編，上海書店，1990年10月，第1頁。
〔註44〕呂文浩《中國社會科學院近代史研究所青年學術論壇》，社會科學文獻出版社，2004年。
〔註45〕費正清主編《劍橋中華民國史（第一部）》，上海人民出版社，1991年11月，第445～446頁。

出對未來的考慮，弘一大師在《談寫字的方法》一文開始講述書法之前有一段感慨：「養正院開辦已經三年了，這期間，自然有很多可紀念的事蹟，可是觀察其未來，則很替它悲觀，前途很不堪設想。」〔註46〕

在思想空前活躍的文學藝術領域，藝術家、理論家們也自然不會置身事外，他們圍繞文化的新與舊、先進與落後以及破與立的問題展開前所未有的爭論。1933 年 1 月，王濟遠在《藝術旬刊》發表了對《中國藝術界之前路》的見解，稱「現代中國的繪畫界，把新舊二種界限是分得很清楚：舊的是以保存國粹為前提，新的是疑吸引時代精神為鵠的……其結果在舊的方面，今人做個古人的印刷活動機，新的方面，國人做了外人的留聲器。我們在這種情狀下而研究繪畫是何等可怖，我們要見前路之光明，務必革新以上所述的積習。」〔註47〕

在這場討論中，傅雷的文章《我再說一遍：往何處去？往深處去》從標題上就體現了其旗幟鮮明的觀點，給人以當頭棒喝之提醒。林風眠專門撰寫《東西藝術之前途》一文，對中國繪畫的基本練習、創作觀念等提出一系列真知灼見。由此看來，魯迅、錢玄同、許地山、梁實秋、林語堂、朱自清等學者對中國書法的前途問題做出了集體性的理論觀照當屬民國時期流行的社會思潮在書法領域的一種投射和體現。

3.2.2.2　文藝進化論為民國時期文藝革新浪潮提供了理論支持

19 世紀下半葉，達爾文生物進化論、斯賓塞社會進化論輸入中國，優勝劣汰、適者生存的觀念帶給無數人絕大的刺激，天演、物競、淘汰、天擇漸漸成為報紙文章的常用詞彙，也很快成為愛國志士的口頭禪。諸如嚴復、章太炎、梁啟超等著名學者也各自受到進化論的較大影響。〔註48〕

一部分激進的文藝理論家甚至形成了觀點鮮明的文藝進化理論，例如陳獨秀借鑒歐洲文學發展史，以進化論的觀點來探求中國文化出路，認為中國文藝還處於古典主義和理想主義階段，發展重點應當是寫實主義。〔註49〕這

〔註46〕弘一《民國書論精選》，西泠印社出版社，2011 年 3 月，第 78 頁。

〔註47〕藏傑《民國美術先鋒——決瀾社藝術家群像》，新星出版社，2011 年 4 月，第 79 頁。

〔註48〕張士歡，王宏斌《究竟是赫胥黎還是斯賓塞——論斯賓塞競爭進化論在中國的影響》，《河北師範大學學報》，2007 年 1 月，第 30 卷第 1 期。

〔註49〕霍紀超《二十世紀以來中國藝術進化論的演進及其反思》，《四川戲劇》，2013 年 4 月，第 5 頁。

與林風眠、傅雷在書畫方面的觀點十分類似，其理論基礎認為藝術的發展是直線向前的模式。林鳳眠《書法的影響》一文開篇就說「環境、思想和繪畫上原料的關係，可以影響到繪畫上的變遷。」〔註 50〕鄧以蟄《書法之欣賞》一文多次提到「進化」二字，他認為書法本身由語言符號進化而來，稱「文字原為語言之符號，初不過代結繩以便於用也。其進化而成為書法，成為美術，世界美術恐無其例。」還認為書體的演變也是不斷進化的結果，稱「書體亦正孳乳而浸多，其變也，非個人只創造，乃由進化而來也。」〔註 51〕

　　林硫生認為，陳獨秀所接受的社會達爾文主義讓他陷入了對中國文化的悲觀。至於他後來將社會達爾文主義作為思想武器，鼓吹革命的動力，則在於他的民族主義思想。林毓生指出，五四運動初期，大多數中國知識分子都把達爾文主義的變遷觀點視為自然界和社會的普遍規律，當時文化思想界的領袖如蔡元培、陳獨秀、胡適、魯迅等無不如此。而作為位新文化運動輿論陣地的《新青年》、《新潮》等雜誌，幾乎每篇文章都在援引達爾文的「生存競爭」、「適者生存」和「自然扶擇」的口號。因此，當《萬國公報》上的「西士」發出「中國人之語言猶近於古初孩童語言之式也。」〔註 52〕

　　客觀來講，在當時特殊的歷史背景和社會環境中，進化論為一部分文藝工作者的思想革新提供了理論支撐，使得他們對文藝的前途的思考暫時找到一個相對明確的方向。

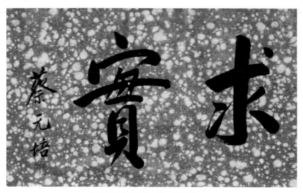

蔡元培書「求實」

〔註 50〕林風眠《書法的影響》，鄭一增《民國書論精選》，西泠印社出版社，2011 年3 月，第 113 頁。

〔註 51〕鄧以蟄《書法之欣賞》，鄭一增《民國書論精選》，西泠印社出版社，2011 年3 月，第 117～120 頁。

〔註 52〕〔美〕林毓生《中國意識的危機》，貴州人民出版社，1988 年 1 月，第 90 頁。

3.2.2.3 鋼筆以及白話文的應用極大程度地減弱書法的實用性，致使傳統書法陷入本體存在的困境，直接引發人們對書法前途的思考

　　幾千年來，毛筆的運用成為中國人日常生活工作的一部分，毛筆的柔軟與彈性保證了書法線條的變化可能，維繫著傳統書法的藝術表現性能。隨著現代科技的滲入，鋼筆的廣泛應用帶來書寫、保管、攜帶各方面的便利，這樣的便利順應了現代文明的快節奏的交流溝通，毛筆以及毛筆書寫變得不合時宜，毛筆書寫過程注重的提按頓挫在追求速度和效率的現代社會顯得格格不入，毛筆以及毛筆書法自此在實用領域開始失去其自身價值，傳統書法的實用性質隨之逐步喪失。現實情況不容樂觀，著名社會學家潘光旦於《華年》雜誌發表「華文書法」一文，提到當時學生流行使用鋼筆鉛筆採用橫排書寫，毛筆書法幾近遺棄，「學生慣作蟹行文字，絕不過問書法」，就算遇到必須抄錄文章也「以鋼筆鉛筆為代，未嘗一用毛穎」，教室裏面也「未見管城墨硯」。〔註53〕

　　另外，白話文的推廣使用成為時代潮流。胡適在《新青年》（1917 年 1 月）發表《文學改良芻議》集中在反對文言文、提倡白話文，要使白話文學成為中國文學之正宗，把改革語文工具看作是文學革命的主要內容和根本目的。陳獨秀在《新青年》（1917 年 2 月）上發表的《文學革命論》鮮明地提出文學革命的三大主義：曰推倒雕琢的阿諛的貴族文學，建設平易的抒情的國民文學；曰推倒陳腐的鋪張的古典文學，建設鮮明的寫實文學；曰推倒迂晦的艱澀的山林文學，建設明瞭的通俗的社會文學。白話文的運用改變了古代書面語言與口頭語不相吻合的局面，但同時也讓傳統書法的生存空間面臨雪上加霜的境地。傳統書法與古代文學緊密相連，在具備書寫藝術表現性的同時，書法作品還含有文學審美意義，歷史上經典的書法作品無一例外都屬於優秀的文學作品。而出發點在於通俗化的白話文顯然不具備語義上的審美性，另外從左往右橫排書寫的白話文在書寫方式上也與傳統書法存有天壤之別，傳統書法講究的氣勢、節奏在此根本無從說起。

　　因此，鋼筆和白話文的應用對傳統書法的生存環境來講無異於釜底抽薪，使得傳統書法陷入本體存在的巨大困境當中，從而也逼迫中國學者對書法以及書法的未來進行重新認識。

　　歷史車輪滾滾向前，面對新的環境新的事物自然會產生不同的理解和看

〔註53〕潘光旦《華文書法》，《華年》，1932 年第一卷第 12 期。

法，民國學者圍繞民族命運以及文化破立等方面深入思考展開爭論，是在特殊的社會環境下對於當時文化碰撞的一種回應，他們的勇氣和責任感就在今天看來依然顯得十分難得，他們對藝術本身的反思以及對藝術前路提供的建議尤為寶貴，無論是後來採用的簡化字方案還是書法學科體系的不斷完善都是在民國學者篳路藍縷基礎上一步步走來。近幾十年來，隨著電腦和網絡的普及，我們逐步進入信息化時代，中國漢字和書法的發展實際上又一次面臨巨大的挑戰和機遇，對於當下從事文藝事業的廣大工作者來說，書法的價值、前途等問題更值得我們去思考和討論，民國學者在當時做出的回應無疑具有很大的啟示意義。20 世紀八十年代，當代學者舉行中國書學研究交流會，其中陳振濂就對書法藝術的前途做出分析，對比於民國時期學者對書法前途的看法，應該說有一定的推進意義，他認為首先書法的概念將會發生變化，文字因素在書法中的地位會逐步下降；其次是藝術對比性加強，書法更加強調視覺性，文字的閱讀性會逐漸消弱。〔註 54〕

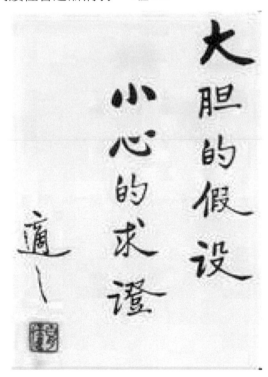

〔註 54〕陳振濂《關於書法藝術的現狀和將來》，《書學論集——中國書學研究交流會論文選集》，上海書畫出版社，1985 年 3 月，第 53 頁。

第 4 章　民國書法創作觀念轉向

　　20 世紀初期，科學民主、獨立人格成為最時髦最為流行的詞彙。一大批留學歸來的學者熱衷談論中西方的問題和主張，新興媒體雜誌也將新的思想觀念不斷地傳播到廣大民眾中去。國內的時代先鋒們諸如梁啟超、陳獨秀、胡適、蔡元培等振臂高呼打破沈寂，國外的專家教授如杜威、羅素等前來講學形成呼應之勢，此時已然具備了向全中國推廣普及科學精神的條件，例如1923 年科學與玄學的論戰吸引到了全國幾乎所有知名的學者，充分說明了當時學術界的思想空前活躍。見〔註1〕科學即是對真理的不斷追求，具有科學精神意味著不固執己見、不盲從他人，敢於對權威和偏見進行批判，服從客觀真理。愛因斯坦曾說過「科學自身的發展，以及一般的創造性精神活動的形成，還需要另外一種自由。這種精神上的自由，注重在思想上既不受權威和社會偏見的束縛，也不受一般違背哲理的常規和習慣的束縛。」〔註2〕

　　科學精神在書法領域的影響首先反映在民國學者對以往的書學觀點進行甄別反思、判斷真偽，正如傅雷在寫給黃賓虹的信中所說「學術必經論辨，方見真理。」〔註3〕當時與書法創作相關的討論毫無疑問最為集中的還是關於碑與帖的辯證關係上面，學者們對晚清以來獨尊碑學的觀念展開激烈的辯論，其中最引人注目的是沙孟海、朱大可、白蕉等人的書論觀點。

　　西學講究科學、批判、推理，由此而來的心理學、藝術學、美學帶來不同以往的方法論，對於民國時期眾多博古通今、學貫中西的書法理論工作者

〔註1〕王輝《論民國時期的科學精神》，山西大學 2012 年碩士論文。
〔註2〕愛因斯坦《愛因斯坦文集（第三卷）》商務印書館，1979 年 1 月，第 180 頁。
〔註3〕趙志均編《黃賓虹書簡續》，河北教育出版社 2005 年 2 月，第 145 頁。

來說，那個時代賦予了他們全新的歷史使命，部分書法理論家迫切希望對書法創作理論進行科學分析、系統整理。另外，現代科學極大地推動了民國時期地理學、考古學的進程，大批甲骨文、簡帛文物的出土帶給書法領域前所未有的實實在在的驚喜，加之現代照相術、印刷術的革新應用，為書法理論工作者帶來第一手的資料，有助於他們從新的視角去看待書法這一門古老而新鮮的藝術。整體來看，民國時期有關書法創作的理論出現了一些新的轉變，大致可以分成兩條線索來看：

首先，民國書法創作理論最為突出的可以概括為一個「理」字，「理」即道理和規律，合理意即合乎道理和規律，放之四海而皆準，民國書法理論強調尊重「不違背自然」的原則，試圖在書法創作當中找出一條符合藝術表現的普遍規律，這一條線以余紹宋、弘一、豐子愷、黃賓虹、傅雷、俞劍華等人為代表。

另外一條線由於新的出土文物材料引起，帶有濃厚的實用主義色彩，諸如于右任、王蘧常、羅振玉、董作賓、郭沫若等在漢簡和甲骨文書法方面投入很多精力，因此他們對漢簡書法和甲骨文書法的見解無疑是這一時期最為獨特的理論成果。王國維就曾說「吾輩生於今日，幸於紙上之材料外，更得地下之新材料，由此種材料，我輩固得以補正紙上之材料，亦得證明古書之某部分全為實錄，即百家不雅馴之言，亦不無表示一面之事實。此二重證據法，惟在今日始得為之，雖古書之未得證明者，不能加以否定，而其已得證明者，不能不加以肯定，可斷言也。」〔註4〕

在這裡需要提出的是當代不少學者例如郭舒權、陳振濂都持有一個相同的觀點，就是民國初期的書家尤其是從晚清過來的書家大都對書法抱著一種雅玩的態度，甚至是一種對發生在身邊的翻天覆地的變化漠不關心的態度，例如郭舒權就說「幾千年形成的以律詩絕句、古辭經著為依存並深受舊傳統陶冶的書法滿足於自給自足的封閉模式，以沈、吳、李、曾四大書家為代表的民初書法基本的格調仍是尚古，無論是以北碑派和篆隸書風為主的尚清，還是以二王書札行狎書為主的尚晉，都屬於縱向承啟的復古基調。因而在新文化運動的衝擊下，書法對於其他藝術中發生的翻天覆地變化，仍抱著冷淡、穩健的態度，甚至充耳不聞，我行我素。那些從晚清過來的士大夫式書家對書法抱著一種雅玩態度，是閒情逸趣式的賞玩，是不計工拙的灑脫，這是民

〔註4〕王國維《古史新證——王國維的最後講義》，清華大學出版社，1994年12月，第2頁。

國書法史上較為消極的傾向。」〔註 5〕

　　相對於晚清書家以舊的方式治學，民國新興學者諸如林風眠、林語堂、宗白華、李樸園、豐子愷等已經嘗試對書法創作觀念進行革新，他們對書法形式以及技術要素表現出空前的重視，從某種意義上講，這是書法藝術創作現代化道路上極為關鍵的一步，我們從八九十年代中國書法創作的巨變就能夠看出民國新興學者的書法觀念極具開創性和前瞻性。

4.1　民國學者對獨尊碑學的質疑和反思

　　民國學者對前人的理論大膽懷疑及反思，突出表現為對獨尊碑學觀念的質疑和追問。眾所周知，清代中後期的書學是碑學興盛、帖學衰微的格局，阮元打出碑學的旗號在先，包世臣鼓吹吶喊在後，直到康有為《廣藝舟雙輯》的出現一舉將碑學推向巔峰。尤其是其中最為關鍵的人物康有為，力求革新、倡導碑學，對當時流行的帖學大加貶斥，稱之為萎靡書風，號召學書者學習漢魏六朝碑刻，其《廣藝舟雙輯》最顯著的書學主張可以概括為尊碑抑帖、褒魏碑貶唐碑。客觀地講，康有為《廣藝舟雙輯》資料詳實、論證有力，說服力極強，體現出了其異於常人的膽識以及廣闊的視野，影響十分深遠，晚清民初碑學書法家們打破拘束、張揚個性，形成了以雄強樸拙為鮮明特徵的時代風氣，應當說康有為的《廣藝舟雙輯》功不可沒。但是，康有為也暴露出過於偏激、主觀等一系列問題，不少民國學者在肯定其歷史價值的基礎上對他的問題進行客觀的科學的批判。

〔註 5〕郭舒權《民國書法史論》，上海人民美術出版社，2001 年 8 月，第 9 頁。

4.1.1 碑學和帖學難以涇渭分明

　　書分南北、北碑南帖的觀點是 1811 年阮元在《南北書派論》、《北碑南帖論》中所首先提出，而康有為 1888 年在《廣藝舟雙輯》當中已經對其進行反駁，稱「故書可分派，南北不能分派，阮文達之為是論，蓋見南北猶少，未能竟其源流，故妄以碑帖為界，強分南北也。」〔註6〕其他如姚華、沙孟海、朱大可、白蕉等人對此也有進一步辯證分析。

　　較康有為稍晚的姚華，從南北碑體現出來的筆勢對二者進行推斷，認為北方人也當有帖，而且南帖與北碑的本質差異不大，得出的結論是「碑帖可分，而南北不必分。」他稱「北人簡牘，未見流傳，南人亦或以草勢之情運入今隸，如《瘞鶴銘》及蕭梁諸闕往往可見。前人多稱南帖北碑，其實北人亦未嘗無帖，南帖與北碑亦無甚異。如以《瘞鶴銘》及蕭梁諸闕為律，求之東西魏、北周、北齊造像石刻中，亦未嘗無筆勢，故碑帖可分，而南北不必分也。」〔註7〕

沙孟海　行書《碧血丹心匾額》　　　　沙孟海（1900～1992）

　　1930 年沙孟海《近三百年的書學》在「第七顏字」一節中專門提到碑與帖的問題，他從邏輯上論證書法難以分南北，他說「帖學和碑學，本沒有截然的區別，即南派北派的名稱，也只好籠統說說，誰能劃分清楚呢？（阮元的論調康有為已駁之）就碑帖二字本義說，那麼，家廟碑麻姑仙壇記等等是碑，裴將軍爭座位等等是帖；就人說，他是山東人，應為北派；（阮元以真卿隸北派。就字體來說，他的字近瘞鶴銘，應為南派。）」沙孟海在此提出碑學帖學難以涇渭分明的觀點。〔註8〕

〔註6〕康有為《廣藝舟雙輯・寶南第九》，《歷代書法論文選》，上海書畫出版社，2004 年版，第 804 頁。

〔註7〕貴州省貴陽市文史資料研究委員會編《貴陽文史資料選輯第十八輯：姚華評介》，1986 年版，第 178 頁。

〔註8〕沙孟海《近三百年的書學》，《東方雜誌》第二十七卷第二號，第 15 頁。

　　四十年代末，白蕉對碑帖之別和南北分派做出較為系統的整理，首先他對碑和帖進行概念區分，稱「碑：立石叫做碑；以文字勒石叫做碑。碑上的字，由書人直接書丹於石，然後刻的。包括紀功、神道、墓誌、摩崖等種種石刻。帖：古代人沒有紙，書於帛上者叫做帖。帛難以保存久遠，因之把古人的書跡，摹刻到石或木上去的叫做帖。在此，書與刻是間接的。包括書牘、奏章、詩文等等的拓本。」〔註9〕其次，他對南北分派缺乏合理性進一步闡述，「不過，我們從這兩篇文字中（即阮元的《南北書派論》和《北碑南帖論》）看來，他的南北分派立論，不論從地域上，或是就人的單位來說，他作的系統的說法不能圓滿，恐怕事實上也無從圓滿。而且會越弄越糊塗的——因為地與人的分隸與各家書品的分隸，要由南北來劃分得清清楚楚，其困難極大，甚至不可能。正和其他學術方面，得劃分南北派，或某派某派差不多。我們試就碑帖的本題來說，比方拿顏魯公的作品來講，《家廟碑》、《麻姑仙壇記》、《顏勤禮》等，是碑；《裴將軍》、《爭座位》、《祭侄稿》、《三表》等，是帖。就人說，他是山東人，屬北派；就字體說，他的字體近《瘞鶴銘》，應屬南派。現在姑且不談魯公，即使在阮氏自己兩文中的鍾、王、歐、褚諸人，他們的分隸歸屬不是已頗費安排，難於妥貼了嗎？」〔註10〕的確，從整體上看，地域之間書風存在明顯差異，但具體到不同的書法家及其實際應用，情況則會變得複雜，若是簡單地以南北劃分顯然難以準確地說明問題。白蕉對此予以質疑，這也能反映出當時學者對待學術的一種態度。

4.1.2　碑學未必盡善盡美

　　三十年代初，《東方雜誌》載有兩篇觀點鮮明的書法理論文章，一是沙孟海的《近三百年來的書學》，另一篇是朱大可的《論書斥包慎伯康長素》。

　　朱大可明確對包世臣、康有為倡導的碑學提出質疑，認為魏碑書法大多出自民間，「不參經典、草野粗俗」，在碑學盛行的民國時期無疑是驚人之論：「審此則北朝書法，鄙陋紕繆，當時朝野，早有定論，毋俟後人為之推尊崇奉也。唐宋以來，豈無嗜奇好事之士如完白、慎伯、長素者？迄無一人能翻是案，則魏碑之書法，亦可知矣。……北魏人頗多誌墓者，……所誌者大抵武臣漢卒，或出自諸蕃，而田夫牧隸，約略記之。其書法不參經典，草野粗俗，無足怪

〔註9〕白蕉《碑與帖》，《永安月刊》，1948 第 109 期，第 33～35 頁。
〔註10〕白蕉《碑與帖》，《永安月刊》，1948 第 109 期，第 33～35 頁。

－81－

者。……奈何學者之甘為藝舟兩楫所誤哉？」〔註11〕此外，還批判康有為自身的學書經歷與其碑學觀點相左，以此證明康有為等人的觀點有愚弄他人混淆視聽之嫌，他稱：「二氏（指包世臣、康有為）欲趨天下之人，盡棄唐碑而習魏碑，乃其自敘礙力之處，反於唐碑津津道之。在人則拒之惟恐不嚴，在己則竊之惟恐不近，古人修辭立其誠，二氏立言矛盾至此，欲取信於後世之士。愚雖不敏，知其難矣。」〔註12〕余紹宋《書畫書錄解題》（成書於 1932 年）認為南北書家各有所長，在碑和帖各自內部也存優劣之別，所以不能一概而論，稱「竊謂南北兩派各有所長，未容偏廢。惟諸帖自趙宋以降，輾轉摩勒，多已失真，及其弊也，碑學起而振之，自足一張耳目。然六朝碑版多無書人姓氏，責任不明，且多由工匠以一定之法為之，故工拙相半，必謂碑版俱可尊，帖俱可廢，究非平允之談，讀是篇者，但當取以參稽，不必奉為圭臬也。」〔註13〕再往後，到四十年代，白蕉以更為辯證的態度看待這一問題，稱「阮氏之說開了風氣後，到了包、康二人，索性樹起了尊碑抑帖、尊魏卑唐的旗幟來。他們雖然都祖述於阮氏，但是已經走了樣。他們二人的學術，既頗粗疏，態度又很偏激，修辭不能立誠，好以己意，逞為臆說之處很多。好人之所惡，惡人之所好，終欲以石工陶匠之字，並駕鍾、王。如慎伯論書，好作某出自某的源流論，說得似乎探本窮源，實則疏於史學，鑿空荒謬。長素把造像最惡劣者，像齊碑雋修羅、隋碑阿史那，都贊為妙絕。龍門二十品中，又深貶優填王一種，都是偏僻之論。」〔註14〕從其言論可以發現，白蕉是從包、康論書的出發點上找出二人的漏洞，這樣看問題的方式對後來的書學產生較大的影響，例如當代不少學者認為康有為獨尊魏碑是出於政治原因的考慮。

4.1.3　書法能否成為典型與碑帖的拓本無關

　　阮元和包、康倡導魏碑有一個共同的理由，就是認為唐碑宋帖被翻刻摹揚以後喪失原本面目，不如魏碑來得真實，這個理由也遭到朱大可、沙孟海

〔註11〕朱大可《論書斥包慎伯康長素》，載於《東方雜誌》1930 年第二十七卷，第二號。

〔註12〕朱大可《論書斥包慎伯康長素》，刊載於《東方雜誌》1930 年第二十七卷，第二號。

〔註13〕余紹宋著《書畫書錄解題》，臺灣中華書局，中華民國六十九年（1980）11 月第二版卷三。

〔註14〕白蕉《碑與帖》，《永安月刊》，1948 年第 109 期，第 33～35 頁。

等的質疑。

　　朱大可言辭最為直接，他說學習古代碑帖，主要是看書法水準如何，而如果只管是否原拓那就是主次不分，稱「唐碑故多翻本，魏碑豈無贗物？長素乃以五十步而笑百步，何其所見之不廣哉？以愚論之，吾人習碑，但問其字之佳不佳，不當問其拓之原不原。字而佳，則虎賁之賤，猶具典型，不能以其非原拓而棄之也。字而不佳，則燕石之珍，終同瓦礫，不能以其乃原拓而寶之也。晉唐翻刻，不乏佳本，流風遺韻，猶有存者，以視魏碑傖荒面目，終有上下床之別。」〔註 15〕

　　沙孟海《近三百年的書學》在「第四碑學」一節對康有為崇碑抑帖的論據提出質疑，說「《廣藝舟雙輯》這部書宏偉博洽，已經集千古而無對了，可是他的議論也有所蔽，他有意提倡碑學，太側重碑學了。經過多次翻刻的帖，固然已不是二王的真面目，但經過石工大刀闊斧錐鑿過的碑，難道不失原書的分寸嗎」〔註 16〕

白蕉及其作品

〔註 15〕朱大可《論書斥包慎伯康長素》，載於《東方雜誌》，1930 年第二十七卷第二號。

〔註 16〕沙孟海《近三百年的書學》，《東方雜誌》，1930 年第二十七卷第二號，第 8頁。

白蕉在《碑與帖》中對於碑和帖背後的真實性問題做出較為客觀的分析，「其實關於閣帖的謬誤，治帖的，如宋代的黃思伯便有《閣帖刊誤》，清代的梁山舟有《淳化秘閣帖考正》，都在阮氏之前，阮氏當然都已經讀過了。至於碑的作偽與翻刻，本來就和帖的情形一樣。而拓本的好壞，那是治帖的人和治碑的人都同樣注意和考究的。」〔註17〕

4.1.4 碑帖之間可以取長補短

民國時期，碑帖的界限逐漸消滅，越來越多的人提倡碑帖並重、碑帖融合。從筆法上分析，碑學重點畫，而帖學重使轉。張謙對鄭孝胥的書論有過專門的整理和研究，他在《海藏書法抉微》緒言中就指出「夫碑學帖學固書法之兩面，實一而二二而一也，學者自持一偏，宜其鮮克有成。然則從事書法者，首應屏除南北之見，先生於此啟示後學最力。」〔註18〕在第五節「論海藏先生楷書」中論述得更為詳細，認為碑重點畫，帖重使轉，學碑者和學帖者各有所得各有所失，因此提倡「南北攜手碑帖合流」，他稱讚鄭孝胥兼習碑帖而能夠融會貫通，所以為「集碑學帖學之大成」。〔註19〕有學者則認為碑帖融合但應有主次之分。陳康在《書學概論》第五章「碑學」中強調學書應以碑為主、帖為輔，稱「故著者強調碑學帖學應並重，以帖學為入，碑學為出。以帖學為輔，碑學為主，今入每一專致力於一家法帖，或各種叢帖，數十年仍不能免俗者，皆不知：學碑不學帖，可；學帖而不學碑，則不可。蓋碑兼帖之長，而帖無碑之古也。」〔註20〕他認為初學者從帖入手容易得其結體法度，然後取法魏碑得其骨髓，稱「在初學者入門時，得帖學之結體法度，及其氣韻後，即宜取魏晉六朝人碑，為主。習練經年，得其骨髓，退可以去薄俗，進可以追蹤秦漢，造石鼓、鍾鼎、甲骨之極，則書未有不成的。」〔註21〕

白蕉1948年《碑與帖》首先提出碑帖各有所長短，學書者沒有必要互

〔註17〕白蕉《碑與帖》，《永安月刊》，1948年第109期，第33～35頁。
〔註18〕張謙《海藏書法抉微》崔爾平編《明清書論集》，上海辭書出版社，2011年8月，第1399頁。
〔註19〕張謙《海藏書法抉微》崔爾平編《明清書論集》，上海辭書出版社，2011年8月，第1452頁。
〔註20〕陳康《書學概論》，《民國叢書》第二編，上海書店，1990年第216頁。
〔註21〕陳康《書學概論》，《民國叢書》第二編，上海書店，1990年第218頁。

相牴觸和攻擊,「我對於碑、帖的本身的長處和短處,大體上很同意阮氏的見解。因為我們學帖應該知道帖的短處;學碑也應該明白碑的短處。應該取碑的長處,補帖的短處;取帖的長處,補碑的短處。這正是學者應有的精神,也是我認為提倡學帖的和提倡學碑的,互相攻擊是毫無意義的理由。」接著從美學角度詳細分析了碑與帖各自呈現出來不同的風格特點,指導對碑帖如何取捨,「取長補短,原是遊藝的精神。只有如此,才有提高、有發展。因此,我認為碑版盡可多學,而且學帖必須先學碑。碑沉著、端厚而重點劃;帖穩秀、清潔而重使轉。碑宏肆;帖瀟散。宏肆務去粗獷;瀟散務去側媚。書法宏肆而瀟散,乃見神采。單學帖者,患不大;不學碑者,缺沉著、痛快之致。」〔註 22〕

　　將白蕉和陳康的觀點進行比較就很容易發現,二人的共同之處在於提倡碑帖結合,分歧在於先學碑還是先學帖。陳康認為帖無碑之古,碑能免俗,格調更古、境界更高,體現出大多數文人存有的崇古心理;白蕉用辯證的眼光對碑和帖的美學特點進行對比分析,顯得更具現代美學精神。

　　總之,與晚清相比,民國學者對碑和帖的關係有了更加客觀的認識,而且從部分書法理論當中可以看出帖學復興的跡象,例如沙孟海大膽地提出「帖學家坐第一把交椅」,可以說從理論上開始顛覆碑學的神聖地位,沙孟海在《近三百年的書學》在結尾的時候總結,稱:「上述碑學諸家,雖然和帖學諸家並列著,如果比起造詣的程度來,總要請帖學家坐第一把交椅,這是毋庸諱言的。最近寫碑的仍比寫帖的多,分道揚鑣,不知將來誰是健者?」〔註 23〕

4.2　民國書法創作觀念的兩條線索:「理」和「用」

　　民國書法創作的整體風格在繼承清代碑學的基礎上出現較大的變遷,帖學復興、學者書法特點突出、美術化傾向明顯可以稱得上是幾個主要特點,民國書法創作理論基本上與之吻合,與清代相比也出現明顯的轉變,主要表現為兩條線索:第一條線索是弘一、豐子愷、黃賓虹等人從繪畫或者從藝術原理的角度看待書法創作並形成較為完整的理論,很大程度上實現了書法創

〔註 22〕白蕉《碑與帖》,《永安月刊》,1948 第 109 期,P33～35。
〔註 23〕沙孟海《近三百年的書學》,鄭一增《民國書論精選》,西泠印社出版社,2011.3,
　　　　第 372 頁。

作觀念的突破，這在民國書法理論史上甚至在整個中國書法史上都顯得意義重大；第二條線索是書法生態的一系列變化諸如甲骨文、漢簡的出土也為書法家和理論家帶來新的材料，羅振玉、董作賓等人對甲骨書法進行整理研究，沈曾植、鄭孝胥等人將漢簡納入書法創作當中，另外于右任從實用的角度出發嘗試對書法創作進行變革，而且形成一套較為完整的理論觀點，這樣的理念顯然值得重視。

4.2.1 講「理」──藝術學原理

《知林，半夢論書》稱「畫匠之畫不言畫，書匠之書不言書，以其無藝術觀念也。故作書者當先從其根本觀念入手，慎毋徒慕時流，專以趨好為尚。」這一段話很有研究價值，整體上作者還是倡導書法創作需要深入傳統，避免熟、巧、俗，看起來還是一套常見的理論，但是作者在這裡提到「沒有藝術觀念」是畫匠和書匠最大的問題，而以前的書論通常是批評畫匠和書匠沒有學問之氣（例如黃庭堅論書），緊接著作者繼續提到「作書者當先從根本觀念入手」，結合後文可以看出，這段話是要求作書者需要對自己的創作進行理性地判斷和選擇，這就不再是以往那種被動地依靠修養、學識來調和，而是主動地選擇如何進行自己的創造，可以說這種理念稱得上是書法創作理論的現代自覺。〔註24〕弘一依照西洋繪畫原則對待書法，在當時可謂晴天霹靂，直到如今這樣的純粹藝術觀點都只被少部分人所接受，很顯然，弘一與其他人最大的不同是看待書法角度的不同，歸根到底是對書法本質思考方式的不同，他不再把書法創作當成漢字書寫，而是看做形式構成，前者帶有明顯的文字學和文學色彩，後者則更多地具備視覺藝術功能。他說「朽人於寫字時，皆依西洋畫圖案之原則，竭力配置調和全紙面之形狀，於常人所注意之字畫、筆法、筆力、結構、神韻，乃至某碑某帖某派，皆一致摒除，決不用心揣摩。故朽人所寫之字，應作一張圖畫觀之則可矣。」〔註25〕平心而論，弘一大師這一書法觀點至少超前五十年，我們從後來80年代現代書法的理念當中可以找到它的影子。陳振濂對弘一大師如此具備開創性的觀念也是高度讚揚，稱「我們從中看到了一種明顯與傳統視角拉開的傾向，李叔同對各家派別的摒除，啟示亦可看做是對傳統理論思維模式的摒除；而他的以圖案法觀書，說

〔註24〕適盦《半夢論書》，《坦途》1928年第5期，第49頁。
〔註25〕谷流、彭飛編《弘一大師談藝錄》，河南美術出版社2000年3月，第31頁。

穿了也即是以西方的形式構成原理——視覺原理的新方法來分析書法，這是
一個令人突兀的視角轉換。而它背後所包含的，正是以書法為視覺藝術家庭
中成員，而不屑於將書法看成是學術或文人餘技的新觀念。作為本系統內部
的縱向對應，李叔同的以圖案構成視書法，可以與葉恭綽的書以簡牘、經卷
為宗作同等觀；作為系統以外的橫向對應，李叔同以圖案構成來審視書法，
又可以與宗白華的『空間單位』、『生命單位』說異曲同工。故而，我們指他為
民國書論界一位十分特殊的人物。以他作為參照系，可以對幾乎所有類型的
書法理論家做出估價並予以切實把握。」〔註 26〕

　　弘一在講到章法問題的時候，給書法的幾個重要因素比較明確的比重說
明，「章法五十分，字三十五分，墨色五分，印章五分。」接著他就這樣的比
重分配給予解釋，「一般人認為每個字都很要緊，然而依照上面的記分，只有
三十五分。大家也許要懷疑，為什麼章法反而分數占多數呢？就章法本身而
論，它之所以占著重要的原因，理由很簡單——在藝術上有所謂三原則，即：
一、統一；二、變化；三、整齊。」眾所周知，弘一法師精通琴棋書畫，早年
留學日本接觸到西方的藝術學理論，最先將西方音樂和漫畫等等介紹到中國，
他看待書法的角度肯定不同於以前的學者，他自己對此也有說明「這在西洋
繪畫方面是認為很重要的。我便借來用在此地，以批評一幅字的好壞。我們
隨便寫一張字，無論中堂或對聯，普通將字排起來，或橫或直，首先要能夠
統一，字與字之間，彼此必須相聯絡、互相關係才好。但是是單止統一也是

〔註 26〕中國教育學會書法教育專業委員會編《近現代書法史》，天津古籍出版社，
　　　　2009 年 9 月，第 30 頁。

不能的，呆板也是不可以的，須當變化才好。若變化得太厲害，亂七八糟，當然不好看。所以必須互相聯絡、互相關係才可以的。」〔註27〕

豐子愷書畫作品

豐子愷很大程度上繼承了弘一法師的藝術創作觀，他與他的老師一樣，集繪畫、書法、音樂藝術於一身，遊學日本回來，他認為所有藝術種類都有共同的「理」——美的構圖，自然他也提倡用繪畫構圖看待書法作品，這樣一來，點、線、面的概念開始自覺應用到書法創作中來。他說「協調的畫面，即達到了「多樣統一」的境地。「多樣統一」者，就是各塊面、各線、各點，大小、形狀、性質各異，而全體又融合為一。這就是所謂「一有多種，二有兩般」(《碧岩頌》) 的妙理。我常常讚美中國所特有的兩種小藝術，即書法與金石。吳昌碩的草體字，一個一個地拿出來看，並不秀美，甚且歪斜醜惡，然而看其一幅字的全體，就覺得非常團結，渾然一氣，無可增減。前之歪斜醜惡者，今盡變為美的當然。這與繪畫的構圖完全同一道理。又小形的篆刻，也在幾釐米內建立一個完全無缺的小小的世界，有「毫釐千里」的美的布置，與繪畫的構圖也完全同一道理。故書畫金石往往相關聯，長於畫者同時多長於書，又兼長於金石，恐怕就是因為有這一點完全相同的原故吧。這構圖的道理，非但為中西繪畫所共通，即雕刻建築，以至詩歌音樂，也逃不出這個

〔註29〕弘一《談寫字的方法》，鄭一增編《民國書法精論》，西泠印社出版社，2011年3月，第82頁。

美的法則。」〔註28〕

劉咸炘在談到書法創作的時候，他也提到「變化而統一乃一切藝術之原則」，這與弘一法師的說法有著驚人的相似。「吾論書，務守普通之標準，不敢徇好古尚奇之偏見，於筆，固不喜枯瘦，而亦不取漲滯；於勢，固不喜呆板，而亦不取散漫。蓋變化而統一，乃一切藝術之原則。書比於人，骨肉固以勻稱為美也。」〔註29〕從以上論書可以看出，劉咸炘與李叔同一樣，不單單從書法論書法，而是站在一個更為宏觀的角度（即藝術的角度來）看待書法創作。從弘一、劉咸炘的書法理論當中，我們明顯感覺到他們不再斤斤計較一筆一劃出自某家某派或者必須從某碑某帖當中來，而是強調書法創作需要符合藝術學的基本原理，這種觀點的轉換無疑是書法創作理念的一種新的趨向，具有很重要的先鋒性探索性價值。

弘一法師、豐子愷、劉咸炘等人將藝術總的原則提到最重要的位置，說明當時的藝術家和學者對書法藝術的創作具有十分明顯的前瞻性。民國書風一大特點就是風格多樣，這應該是與當時流行的書法創作理念形成呼應、相得益彰，尤其是一批美學家以及接觸過西方藝術理念的畫家，他們對書法創作的認識方式顯然起到十分重要的作用。

另外一個重要人物是黃賓虹，他以數十年深入傳統著名於世，在書畫實踐、考證鑒賞各方面都有極高造詣。他反對「專重摹古」的論調，指出先立法則、再加分析、最後參悟的創作步驟，我們從他對「法則」的重視也能得到重要啟示。「1943 年 6 月 25 日，古人論畫，多重摹古……竊以為此種論調，流弊滋深。鄙見挽救之道，莫若先立法則，出淺入深，一一臚列，佐以圖像，是初學者知所入門；次則示古人規範，詳加分析；終則教以對景寫生，參悟造化。唯心與天遊，始可言創作二字。」〔註30〕

與黃賓虹為忘年至交的傅雷是著名的藝術理論家，從他們交往的信件中可以看出傅雷也尤其重視「理」字，他們一致認為「畫理」「畫論」的隱晦導致我國繪畫創作的落後。第一處「1943 年 5 月 25 日，先生論畫高見，尤為心折。不獨吾國古法賴以復光，即西洋近代畫理，亦可互相參證，不爽毫釐。所

〔註29〕豐子愷《向善的藝術》，上海人民美術出版社，2013 年 1 月，第 41 頁。
〔註29〕劉咸炘《弄翰餘瀋》，《歷代書法論文選續編》，上海書畫出版社，2004 年 12 月，第 921 頁。
〔註30〕趙志均編《黃賓虹書簡續》，河北教育出版社，2005 年 2 月，第 141 頁。

恨舉世滔滔，乏人理會，更遑論見諸實行矣。」〔註31〕第二處、第三處「1943年6月9日，尊論尚法、變法，對師古人不若師造化云云，實千古不滅之理……吾國近代繪畫式微之因，亦有以下數端：（一）筆劃傳統喪失殆盡；（二）真山真水，不知欣賞；（三）古人真蹟，無從瞻仰；（四）畫理畫論曖晦不明，綱紀法度蕩然無存。」〔註32〕

與黃賓虹論點相類似的還有于右任，他說：「古人論畫，謂期無定法，而有定理，吾謂書道亦然。法與理異，法可因人之習慣秉質為轉移，理則心同而皆同也。」〔註33〕

黃賓虹書法作品

〔註31〕趙志均編《黃賓虹書簡續》，河北教育出版社，2005年2月，第139頁。
〔註32〕趙志均編《黃賓虹書簡續》，河北教育出版社，2005年2月，第145頁。
〔註33〕鍾明善《于右任書學思想尋繹》，《中國書法》2009年第三期，第51頁。

4.2.2　「取其善不取其古」——藝術創作規律和藝術樣式的區分

藝術創作是藝術家將自身對藝術規律的理解通過作品傳達出來的過程，而藝術規律的發現和獲取又往往需要通過對前人經典作品的學習，這就涉及到師古以及如何師古的問題。

接下來，我們看一看民國時期人們是如何看待書法創作中的取法問題的。首先鄭孝胥提出「取其善不取其古」的觀點，這也是民國時期疑古風氣在書法創作領域的一種體現。張謙整理的《海藏書法抉微》第一篇「海藏先生論書精義」第一章「廓清舊日不合理書法之理論」第三節「師古不可盲從」稱「古代學者，書法為畢生之業，傾百年之力以赴之，其書尚有名世不名世之分，非必盡可取以為範。三代、周、秦、兩漢，此古代也，晉、隋唐、宋，亦古代也，何者足師？何者斯棄？海藏先生於此啟迪學者尤力，首倡疑古之說，夫然後真鑒在抱，不致盲無所從矣。前人可師，取其善，不取其古；古碑可學，以其良，不以其舊……由此觀之，不師古無以明書體之源流，徒師古必制學者之新思也。」〔註34〕

俞劍華《書法指南》一書對取法古代和取法今人的優劣、難易展開分析，得出結論，那就是說學習古代難度大但更深刻，學習時人能夠比較快地進步但難以自成面貌。他在第二章「求師」中先區分取法古人和今人的難易，稱「書法之師約有二種：一今人，一古人。師今人者，口講指畫，耳提面命，隨時指正，故成功極易。師古人者，不見其人，只睹其跡，且筆跡之真贗難定，法帖之優劣有別；一幅之值，動輒數百金，又非一般人所能勝，故成功甚難。」〔註35〕再對取法古人和今人的優劣進行客觀分析，稱「苟於今人中求得良師，則進步迅速，成功可期，自屬甚佳；然此既為不可必得之事，何如捨難而就易乎？且以時人為師，易為師所束縛，亦步亦趨，不數年而已逼肖，但不能出其師之範圍而自立面貌。若向古人探討，則實藏無窮，初若甚難，及其大成，反在時師之上。」〔註36〕

當代學者鄭曉華曾深入探討過書法創作的普遍規律問題，他認為書法創作只有找出藝術審美的普遍性規律，才能擺脫模仿古人的陳舊模式，也才能

〔註34〕張謙《海藏書法抉微》，崔爾平編《明清書論集》，上海辭書出版社，2011 年 8 月，第 1403 頁。
〔註35〕俞劍華《書法指南》，商務印書館，民國二十三年十一月，第 10～14 頁。
〔註36〕俞劍華《書法指南》，商務印書館，民國二十三年十一月，第 10～14 頁。

擺脫千人一面、缺乏創新的局面。他說「我們學習古代藝術的主要目的是學習規律，而不是學習古代的樣式，古代的樣式如果學了以後不扔掉的話，那麼是有危害的。孫過庭《書譜》裏說：『無間心手，忘懷楷則，自可背羲、獻而無失，違鍾、張而尚工』，又講到了：『何必刻鶴圖龍，竟慚真體；得魚獲兔，猶怪筌蹄』。就是說學習「鍾張」也好，學習其他人也好，都是為了「得魚獲兔」，就是要掌握基礎、掌握規律，一旦掌握以後，畫的鶴，畫的龍象不像，就沒必要考慮。孫過庭的思想是非常前沿的，他告訴我們其實臨摹經典的目的就是從經典掌握規律，找到藝術真理。如果說學習古代經典的樣式，在這個過程中抓住了樣式及其裏面的規律，但是沒有單獨抓住提取規律，而是被其所承載的樣式所約束，以至於對規律的使用脫離不開樣式，這樣的話，你的創作就會受到很大的限制。創作出來的作品，恐怕只能是改良性的，而不是有跨越性的、有表現的一種形式。」〔註37〕

4.2.3 「我書乃有我」——書法創作中個性的張揚

從對曾熙、黃賓虹等民國人物的年譜資料的整理中，我們能夠明顯感覺到民國書法家們的言語中體現出相當的自信，這是一個值得重視的信息。筆者認為一個重要的原因是近現代思想啟蒙帶來的積極影響，尤其是文人學者對精神自由的渴望在封建制度陡然瓦解的環境中無疑會得到前所未有的釋放，以胡適、魯迅、郁達夫等人為例，他們對民主自由、獨立人格的追求應當是與當時的社會環境、教育背景息息相關，以他們為代表的民國學者書法風格也可以說是當時新型文人思想觀念的真實寫照；其次由於交通、考古、照相、印刷領域的全面發展，民國文人的所見所聞相比個人來說要豐富得多，他們產生這樣的心理優勢也是自然。例如董作賓就提出相對於前人所見書跡數量少而且年代近，民國以來隨著出土文物增多，人們得以見識更加古老的文字和書法，他對此感到十分自豪，稱「在清代偶然發現了王羲之寫的快雪時晴帖，王獻之寫的中秋帖，王珣寫的伯遠帖各墨蹟，驚為稀世瑰寶，乾隆皇帝特以三希名堂，東晉去今，才不過千餘年。我們現在可以看見三千餘年以前的名史手跡，欣賞他們的書法之美，豈非眼福不淺（流沙的漢簡、敦煌的經卷，也都是前人看不到的）！」〔註38〕

〔註37〕鄭曉華《書法：創新比傳承更重要》，《經濟》，2011 年 12 月。
〔註38〕董作賓《漫談中國文字書法之美》，《董作賓先生全集乙編》，1977 年 11 月。

從書論文章中看，民國時期書法創作強調對個性的鼓勵，完全可以與歷史上任何一個崇尚個性解放的時代相媲美。

由晚清進入民國的書家鼓勵個性的觀點十分明確。沈曾植的藝術理念是「治學毋趨常蹊，要走古人迴絕之境」〔註39〕，他更是身體力行，開創了民國時期碑帖結合的草書風氣，被譽為「三百年來第一人」。梁啟超提倡藝術需要「表現個性」，稱「美術有一種要素，就是表現個性。個性的表現，各種美術都可以，即如圖畫、雕刻、建築，無不有個性存乎其中。但是表現得最親切，最真實，莫如寫字。」〔註40〕

鄭孝胥也極重「自我創造」，指出「若毫無渾化創造，則失藝事之本旨」。張謙所整理的《海藏書法抉微》第一篇「海藏先生論書精義」第二章「建設合理書法之理論」第二節「重自我創造惟須先有深厚之素養」稱「海藏先生於書法極主自我創造，不拘於古人之範圍，而世譽尤不足視，必使真氣流露於字裏行間。」〔註41〕並舉鄭孝胥的詩以說明，「苟懷世人譽，俗筆終在手。古今只此字，點畫別誰某。必隨人作計，毋怪落渠後。但當一掃盡，逸興寄指肘。」題董玄宰字卷詩云「弢庵多藝書尤擅，我亦學步聊追隨。何當擲筆睨天際，胸無古人任自為。」題吳讓之小像詩中云「吾觀古書體，風氣各自勝。學之德形似，要亦近其性。誰能受束縛，一一待指證。不如盡掃去，縱筆且乘興。何須鑿妍醜，今日我為政。」〔註42〕另外，張謙也提到鄭孝胥雖然主張自我創造，但絕不是純出自運、毫無根基，而是通過模仿古人碑帖以及揣摩其中道理才能「融會貫通發揮個性」，最後得出結論，稱「若謂終身以模仿他人為事，毫無渾化創造，則失藝事之本旨矣。由是論之，古人名家，其模仿也深，斯其創造也偉。」〔註43〕這裡有一個重要的信息，張謙提到了「藝事的本旨」，他認為創造是藝事的本旨。這有可能陷入一個文字遊戲，學習書法必須臨摹古人，否則就會墜入野道，但只會臨摹古人就沒有創造，沒有創造就

〔註39〕侯開嘉《章草復興百年巡禮》，《中國書法》2014 年 6 月。

〔註40〕梁啟超《書法指導》，鄭一增《民國書論精選》，西泠印社出版社，2011 年 3 月，第 19 頁。

〔註41〕張謙《海藏書法抉微》，崔爾平編《明清書論集》，上海辭書出版社，2011 年 8 月，第 1408 頁。

〔註42〕張謙《海藏書法抉微》，崔爾平編《明清書論集》，上海辭書出版社，2011 年 8 月，第 1408 頁。

〔註43〕張謙《海藏書法抉微》，崔爾平編《明清書論集》，上海辭書出版社，2011 年 8 月，第 1408 頁。

失去藝術的本旨,而書法又恰恰是藝術的一種。意思就是不臨摹就不能成為書法,只會臨摹就失去藝術的本旨。古代文人相處一個折衷的說法,臨摹是學習規範,當掌握規範以後就應該在此基礎上進行革新,這樣的創造才有意義。鄭孝胥的詩句「苟懷世人譽,俗筆終在手」則從創作者和欣賞者的關係來看待藝術創作,認為如果藝術家只是依照世俗的評判標準進行創作,那麼其作品肯定是俗不可耐的。鄭孝胥的詩句「古今只此字,點畫別誰某」則提到了藝術樣式的問題,傳統書法以學習二王、顏柳歐趙的方式實際上是學習歷史上的經典樣式,而沒有找出普遍的書法規則,這裡就存在一個與文學領域所說的典故派一樣的問題,藝術創作和藝術批評只是從運用哪一個典故或哪一位名家的手法為目的,結果是各說各話,難以形成共同標準。

黃賓虹在談論創作個性也頗具哲學思辨意味,在與顧飛書中說「文化墮落,良可浩歎,誠不可不審慎擇之耳。洪初堂《榜文集》言:「以他人論是非為是非,謂之無我;自以為是,而人言盡非,謂之有我。有我者驕傲,無我者懶惰……《莊子 逍遙遊》言,蝴蝶之為我……不似之似,是為真似。」〔註44〕黃賓虹在此主要是論畫,但是其藝術思想與觀念已經顯露無疑,他對於「聽憑他論」以及「盡非人言」這兩種觀點都持反對意見,而是提倡「審慎擇之」,提出「不似之似」的觀點。

稍後的書畫家在談論書法創作的時候也常常強調「有我」。

鄭孝胥行書七言聯

〔註44〕趙志均《黃賓虹書簡續》,河北教育出版社,2005 年 2 月,第 58 頁。

　　于右任倡導「是古是我，即古即我」，這與黃賓虹的觀點幾乎如出一轍，稱「行乎不得不行，止乎不得不止，因為自然之波瀾以為波瀾，乃為至文。泥古非也，擬古亦非也。無古人之氣息，非也；盡古人之面貌亦非也。以浩浩感慨之致，卷舒其間，是古是我，即古即我，乃為得之。」〔註 45〕鄧以蟄以行草為例分析章法當中的勢，將形勢上的往復與人的筋節連帶作對比，最後得出的結論是書法之勢實際上是出於「我」之神思，其對書法之勢的講解顯得更加深入、透徹，稱「勢之引帶，由點畫及字，由字及行，由行及章，抑將不由章及於我之神思不止也，噫，勢之力，其偉矣哉！」〔註 46〕

　　潘伯鷹「論書詩」散見於《玄隱廬詩抄》，其中「心力窮時奇境顯，天機妙極淡功收」等句充分體現出其藝術創作的氣魄，他的論書詩《書狂》更是對自我意識推崇至極，稱「學書孟浪秋復春，廿年但恨無古人；筆差近古轉自恨，此中無我安足云！何時今古付雙遣？且今且古成一軍！」〔註 47〕同樣，白蕉不願隨人作計，要求「我書乃有我」，稱「余此書從容中道，尚不隨古人腳後轉，世有知者，必能如伯樂相馬，有在牝壯驪黃之外者也。」「雜興詩橫批　我心有鍾王，必被鍾王裹。幾時無鍾王，我書乃有我。有餘紙，乃復題小詩補白，不敢如東坡居士，留待五百年後人作跋耳。」〔註 48〕

4.2.4　「用」——對新出土甲骨文、漢簡、敦煌寫經的借鑒

　　如果說民國時期的書法創作有何鮮明的時代特色，那毫無疑問是這一時期對新出土的甲骨文、漢簡以及敦煌寫經書法的借鑒和運用。正如陳寅恪所說「一代之學術，必有其新材料與新問題，取用此材料以研求問題，則為此時代學術之新潮流。治學之士，得預於此潮流者，謂之預留（借用佛教初果之名）。其未得預者，謂之未入流。此古今學術史之通義，非閉門造車之徒，所能同予者也。」〔註 49〕

〔註 45〕《于右任論書七則》，鄭一增《民國書論精選》，西泠印社出版社，2011 年 3 月，第 143 頁。

〔註 46〕鄧以蟄《書法之欣賞》，鄭一增《民國書論精選》，西泠印社出版社，2011 年 3 月，第 136 頁。

〔註 47〕參見吳春燕《從「論書詩」探究潘伯鷹的書學思想》，《美術大觀》2013 年第 10 期，第 47 月。

〔註 48〕白蕉《雲間書跋甲集》，《永安月刊》，1948 年第 104 期，第 14～15 頁。

〔註 49〕陳寅恪《敦煌劫餘錄序》，《陳寅恪學術文化隨筆》，中國青年出版社，1996 年 9 月。

　　首先，簡帛書的發掘對書法創作觀念影響重大。

　　漢簡的出土無疑帶給民國時期書法領域以巨大的驚喜。部分學者開始將注意力轉移到漢簡書法上來，無論是理論研究還是創作方面都已然形成一股風氣。最早是在 1914 年羅振玉、王國維編輯《流沙墜簡》，後來沈曾植、鄭孝胥等書法名家紛紛感歎「由是漢人隸法之秘盡泄於世」，葉恭綽甚至還提出「學書應以清末以來出土的簡牘、帛書、寫經為宗」這樣振聾發聵的觀點。〔註50〕

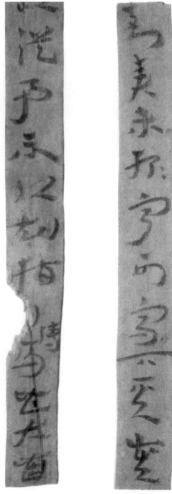

敦煌漢簡

〔註50〕中國教育學會書法教育專業委員會編《近現代書法史》，天津古籍出版社，2010 年 4 月。

　　漢簡書法之所以引起部分學者的重視，很大程度上是因為他們認為漢簡能夠解開古代筆法之謎，由此可以追根溯源，使得對草書、隸書和楷書等書體演變的分析顯得有理有據。例如張謙所編《海藏書法抉微》認為漢代隸書一經《流沙墜簡》的出版，其奧秘便順勢解開了，因為長期以來學習古人書法只有取法經典碑帖，而無論碑帖一經拓摹便會原來的書寫產生較大差別，直到新近出土的簡帛書面世，古人的書寫原貌才呈現出來，因此作者才會感歎「由是漢人隸法之秘，盡泄於世，不復受墨本之蔽」。《海藏書法抉微》第一篇「海藏先生論書精義」第二章「建設合理書法之理論」第一節「主楷隸相參」稱「自斯坦因入新疆，發掘漢、晉木簡縑素，上虞羅氏叔薀輯為《流沙墜簡》，由是漢人隸法之秘，盡泄於世，不復受墨本之蔽。昔人窮畢生之力於隸書而無所獲者，至是則洞如觀火。篆、隸、草、楷，無不相通，學書者能悟乎此，其成就之易已無俟詳論。」〔註 51〕緊接著羅列王羲之、康有為、包世臣關於隸書流變為楷書的理論，將諸君之說「證之墜簡」，得出「實屬確論」的結語。另外，《海藏書法抉微》還有幾段書論也能反映鄭孝胥重視漢簡書的觀點：在《題莊繁詩書陶詩序》中說「自《流沙墜簡》出，書法之秘盡泄。使有人發明標舉，俾學者皆可循之以得其徑轍，則書學之復古，可操券而待也……然則不能隸書者，其楷、其草理不能工，試證之流沙墜簡而可見矣。〔註 52〕在《述隸示向元詩》中說「墨本摩挱疑莫釋，一玩墜簡如生擒。」〔註 53〕黃賓虹也認為自晉唐以來人們就在討論碑和帖，而從新出土的敦煌寫經就可以推斷書法變遷的緣由，他說「選碑帖，中國向重帖，自晉唐至明，名家莫不致力於帖，唐碑不過作書入門之具。道、咸以來，鄧、包倡言此碑，蓋欲救乾嘉人學董、米者柔滑之弊。今人漸知帖不可廢，已稍稍加意及之矣。前十餘年，敦煌所發見晉魏人真蹟寫經頗多，可悟書法變遷之大因。」〔註 54〕

　　至於漢簡具體如何解密古代筆法，民國學者也作出詳細深入的探究。一是從晉人寫經能夠看出古代人用筆迅捷而且經常參雜章草和隸書，張宗祥說「余

〔註 51〕張謙《海藏書法抉微》，崔爾平編《明清書論集》，上海辭書出版社，2011 年　　8 月，第 1405 頁。

〔註 52〕張謙《海藏書法抉微》，崔爾平編《明清書論集》，上海辭書出版社，2011 年　　8 月，第 1405 頁。

〔註 53〕張謙《海藏書法抉微》，崔爾平編《明清書論集》，上海辭書出版社，2011 年　　8 月，第 1405 頁。

〔註 54〕趙志均《黃賓虹書簡續》，河北教育出版社，2005 年 2 月，第 58 頁。

見晉人寫經二卷，用筆皆類《戎路帖》而極迅捷，參章草及隸之處尤多。乃知《尚書宣示》一帖，後人摩勒失真，即舊拓佳本，亦僅存形式已耳。」〔註55〕其次，從寫經能夠發現很多細節問題，例如點都是向上挑、橫則截止無須其他動作，可見無論是碑還是帖都存在明顯的失真情況，稱「予藏六朝人寫經一紙，及所見三四卷，皆點向上挑，橫則截止，並未顯著圭稜，如所見碑文者則知傳世之碑，刀多筆少也。刀筆不分而勸人寫碑，流弊實不勝言，學者審之。閱晉人、六朝人寫經，始知筆法出自一源。後人論蘭亭某字似魏碑，某字出章草，枝節之談，未有是處。知碑之誤於刻，則可知帖之亦誤於刻。倘能從筆法研求，自無諸弊。惟帖翻刻至多，遂至失真愈多，不可不知。」〔註56〕

于右任對《流沙墜簡》的用筆進行細緻分類，提出漢簡中的大草也仍然不失崔、杜家法，而宋克所書《壯遊詩》取材於今狂（意即墜於野道，從作品也確能看出）正是由於沒有見到漢簡眾多的草書樣式而造成。他說「予謂以章草本體而論，實有真，行，小草，大草之分，如《急就章》，真也；《出師頌》，行也；《月儀》、《豹奴》等，小草也；大草罕見。獨近出竹木簡中，偶而發現之斷簡，如《流沙墜簡》簡牘遺文類二十一至二十五，《可以》簡用鐵線篆筆，《宋君》、《李奴》簡用隸筆，《弩鈍》簡已開魏晉人之門徑，至若屯戍叢殘薄書類，十六簡「高羣」，二十六簡「將軍」，三十三簡「司馬」，雖大草，然草而還分，珠連仍不失崔、杜家法，當仲溫之時，竹木簡發現絕尠，且其時並未注意及此。以仲溫之天才，絕非《月儀》、《豹奴》等帖所能拘束。而欲創為大草，則不得不取材於今狂，此《壯遊詩》寫法之所由來也。故此種筆，謂之古今草書中之混合體則可，如謂章草，則誤矣。近數十年來，竹木簡之出現者萬餘，（西陲《流沙》外，尚有西北科學考古團所得者）關於章草之材料日多，而各種書法皆備，更欲研究章草之大草者，進而求之，獨惜仲溫之不及見也。民國二十二年八月，于右任跋於南京。」〔註57〕

在實踐方面，諸如沈曾植、王世鏜、鄭孝胥、李瑞清等重要書家及其後輩們嘗試融入漢簡筆意到草書創作當中，很大程度上帶來民國時期章草的復興。若論對漢簡書法的倡導，沈曾植則是這一時期最為重要的人物，他不但

〔註55〕宋廷位《張宗祥論書絕句研究》，《藝術探索》，2011 年 4 月第 25 卷第 2 期。
〔註56〕宋廷位《張宗祥論書絕句研究》，《藝術探索》，2011 年 4 月第 25 卷第 2 期。
〔註57〕于右任《宋仲溫草書杜子美詩跋》，載劉延濤《于右任先生書學論文集》，商務印書館，1947 年版，第 23～24 頁。

身體力行將漢簡納入草書創造，還向身邊的朋友推薦漢簡，影響深遠。

在沈曾植的書論中，他反覆提到漢簡、簡牘的重要性，〔註58〕從其晚期的書法作品當中也能輕易發現他對漢簡書法的借鑒，沙孟海很早就說過「他（指沈曾植）是個學人，雖然會寫字，專學包世臣、吳熙載一派，沒有什麼意思的；後來不知怎的，像釋子悟道般的，把書學的奧秘「一旦豁然貫通了」。〔註59〕他的得意弟子王蘧常夜說「先生（此處指沈曾植）於唐人寫經、流沙墜簡亦極用力，晚年變法或亦得力於此。」〔註60〕王蘧常自身也是章草大家，他十九歲結識沈曾植並拜其為師，沈曾植看了王蘧常臨摹的《鄭文公》，心生歡喜。並送以《鄭文公碑》墨拓八大軸，以示鼓勵。沈氏建議王蘧常學草書應先學章草。他說：「右軍書遠承章草，舊有傳本，已不傳。今傳章草，僅皇象《急就章》，索靖《出師頌》，蕭子雲《月儀帖》，數種而已，疆域褊小，殊難光大，汝能融冶漢碑、漢簡、漢陶、漢帛書，而上及周鼎彝，必能開前人未有之境，小子勉之。」〔註61〕從這段話可以看出沈曾植認為依靠學習《急就章》、《出師頌》這樣的陳舊辦法難以有所突破，如果能「融漢碑、簡帛書而上及周鼎彝器」則必能達到前人未到的境地。王蘧常從五十歲左右開始精心研究《流沙墜簡》、《居延漢簡》等，王蘧常在《武威漢簡》跋中寫道：「沈子培先生曾言：『摹流沙墜簡當懸臂拓大書之，取其意而不拘形式。』予用其法摹之，果為得乎，尤於飛動處見精神也。」〔註62〕

沈曾植對漢簡書法的推崇還影響到了周圍的朋友，例如大名鼎鼎的李瑞清。「李瑞清的行草得力於魏晉木簡。李瑞清晚年，接受沈曾植的建議，致力於帖學的研究，臨摹了許多法帖。我國西北出土的漢晉木簡於一九一四年影印出版後，漢人用筆昭然大明。李瑞清以漢簡筆法臨寫章草，卓有成就，書風古樸淳厚。明代以來，盛行狂草，他意欲復興章草，獨樹一幟。」〔註63〕

其他有王世鏜、卓定謀、徐生翁、胡小石等，也都不同程度上受到當時漢簡書法的影響，在此不再一一贅述。

〔註58〕詳細論述可參見肖文飛博士論文《開古今書法未有之奇境——從沈曾植看清末民初書法的丕變》。

〔註59〕沙孟海《近三百年的書學》，載《東方雜誌》，1930 年第二十七卷，第二號。

〔註60〕王蘧常《憶沈寐叟師》，載《書法》，1985 年第 4 期。

〔註61〕王蘧常《王蘧常書法集》自序，浙江人民出版社，1989 年版。

〔註62〕王昌宇《流沙墜簡》與民國時期草書的復興》，《書法》2013 年，第 7 期第44～49 頁。

〔註63〕侯鏡昶《書學論集》，華東師範大學出版社，1982 年 12 月，第 121 頁。

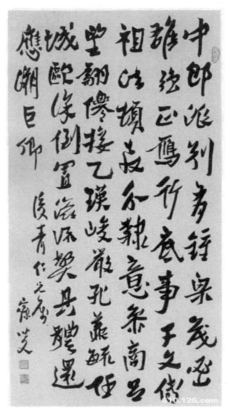

沈曾植書法作品

另外，民國時期甲骨文書法的研究和創作十分流行。

作為文獻資料出現，民國期間甲骨文研究重要著述大致情況如下：〔註64〕

時間	作者	著作
1903 年	劉鶚	《鐵雲藏龜》
1904 年	孫詒讓	《契文舉例》
1910 年	羅振玉	《殷商貞卜文字考》
1930 年	郭沫若	《甲骨文字研究》
1932 年	董作賓	《甲骨文斷代研究例》
1933 年	郭沫若	《卜辭通纂》
1934 年	孫海波	《甲骨文編》
1940 年	于省吾	《雙劍誃殷契駢枝》
1949 年	胡厚宣	《五十年甲骨學論著目》

〔註64〕參見陳振濂《中國現代書法史》，河南美術出版社，2009 年 1 月。

　　從 1899 年王懿榮發現甲骨文字以及劉鶚《鐵雲藏龜》刊印以來，不少好古尚奇之士熱衷關注這一「新興」事物，雖然大多站在文物研究的立場，但也有部分學者獨具慧眼、敢為人先將其引入書法藝術的範疇，正如俞劍華所說「最近二十年中因甲骨之發現，學者更兼習甲骨文，今日之書家可謂上下五千年矣。以視昔人之拘於一隅，甘為二王之奴隸者，相去奚啻霄壤？士生今日，能博古通今，抉破一切之範圍，而自由探討，自由發展，豈非一大快事哉？」〔註65〕這一段話傳遞了兩個信息，一是當時學者紛紛開始學習甲骨文；一是作者倡導不拘一格自由發展，從各種書法材料中廣泛吸取營養。

　　民國時期，擅長甲骨文書法的名家有羅振玉、董作賓、王國維、簡經綸、丁仁等，其中影響較大的應當為羅振玉、董作賓，本文主要就此二人展開論述。

　　羅振玉將甲骨文字納入書法創作頗具時代先鋒特色，羅振玉對甲骨文書法的一大貢獻是他完成《集殷墟文字楹帖》的編寫，在該書自序中提到成書的原因，稱「昨以小憩塵勞，取殷契文字可識者，集為偶語，先後三日夕，遂得百聯，存之巾笥，用佐臨池，辭之工拙非所計也。」〔註66〕羅振玉雖然自謙稱閑暇之餘集甲骨文字為楹聯，但實際上羅振玉對待甲骨文書法是非常用心的，這一點從羅繼祖的回憶當中就不難發現。羅繼祖先生稱「辛酉年，我八歲已能記事，每見公為人寫楹帖總是集契文，大小篆倒反而少寫，以後也常常如此，如果人家不指要哪一體的話，就統一以契文應之。」〔註67〕沈定庵在《甲骨學和敦煌學研究奠基人羅振玉》一文稱「羅振玉是較早嘗試用甲骨文作書的書家之一，他書寫的甲骨文一改鍾鼎文與秦漢以圓勢為主的筆意，結體趨方，中鋒用筆而不作頓挫，因此線條自然、流暢、爽利。其長孫羅繼祖評曰：「雪堂公篆寫契文，由於摩挲日久，獨具會心，注意力專在其疏密錯綜體勢上，絲毫不摻入後來鍾鼎文筆法，能不失契文之真。」〔註68〕

　　如果說羅振玉是甲骨文書法的奠基者，那麼，董作賓則可以成為民國時期甲骨文書法研究的中流砥柱。

　　他首先從理論上對甲骨書法做出精闢而深入的分析。

〔註65〕俞劍華《書法指南》，商務印書館，民國二十三年十一月第三編，第 65 頁。
〔註66〕羅振玉《羅雪堂合集》第五函，西泠印社出版社，2005 年 2 月，第 276 頁。
〔註67〕見楊永濱《二十世紀重大文化考古成就與中國書法》，《書法世界》2003 年第 7 期。
〔註68〕沈定庵《甲骨學和敦煌學研究奠基人羅振玉》，《書法》2012 年第 2 期，第 96 ～97 頁。

 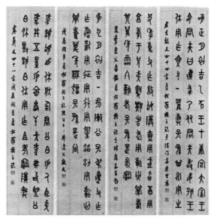

羅振玉金文四條屏

董作賓《為書道全集詳論卜辭時期之區分》有一段話描述不同時期甲骨文書法的風格，認為武丁時期精神自由、氣魄雄偉，書法水準無與倫比，稱「如果用分派眼光，來欣賞甲骨文字的書契，也可以看到：第一段舊派前期，相當於武丁盛世，皆出自名史家的手筆，他們的書法各有最高的美術造詣，在放任中有法度，在錯綜中有規律，精神極其自由，氣魄極其雄偉，可以說是二百七三年，莫與比倫的。第三段舊派後期，武乙、文武丁之世，也充分表現書契的自由，不過功力稚弱，僅存形似，字形繁雜無定，變易多端，書體又柔弱、剛勁、粗肥、纖細畢具，五花八門，各行其是，弊端百出，趨於狂誕。已不如武丁時遠甚。第二段新派前期祖甲時，書契納之規範，筆劃謹飭，文例嚴整，第四段新派後期帝乙帝辛時，制度更形嚴密，組織更有系統。」〔註69〕

對比另外一篇《董作賓先生全集乙編》第四冊收有《漫談中國文字書法之美》一文，對甲骨文書家的姓名以及他們的水平、風格的變遷做出更為深入的研究，稱「第一期以武丁時為代表，這時的名家是穀韋賓、互爭永等許多位，書法以雄偉宏放為宗，一變「對稱」的美為「錯綜」的美，好作大字，正足以象徵當時的中興氣象，小字的卜辭，也寫得遒茂瑰麗；第二期以祖甲為例，有名的書家如行旅、大節等人，書法一律是謹飭的，工整而有規律的，這足以代表祖甲的革新庶政，勵精圖治；第三期的人材就差得多了，在康丁時，只有彭寧、巽狄諸人，勉強供應卜辭的書契，夠不上說寫的美；第四期，

〔註69〕董作賓《董作賓先生全集乙編》第三冊，藝文印書館，1977年12月，第420頁。

武乙好田獵，卜辭多勁峭生動，有力挽頹風之勢，文武丁銳意復古，一切摹仿武丁，在書法上的表現，有皇取等十餘人所寫的方筆圓筆大小肥瘦各體，或峭拔渾勁或豐潤圓和，或意圖宏放而魄力難副，或故為纖細而婀娜作態，武丁名史作品，終不可同日而語；第五期帝辛時黃泳諸史，書法又趨於工整秀麗，謹飭嚴肅，如祖甲時。總之，從甲骨文字中欣賞殷人書法之美，只有武丁時各位名史最有工夫，最能顯示各個不同的作風，而充分地表現出古篆文書寫的美，譬如在密茂中有疏宕，渾厚中有輕靈，對稱中有錯綜，奔放中有約束，只是一本《殷墟書契菁華》就夠你摩挲欣賞，領略其中三昧了。」〔註70〕由此我們不難發現董作賓對甲骨文各個時期的作者、書法風格以及生成原因都有極其深入的研究，從中也能看出他對甲骨文、古代篆書的審美極為自信。

董作賓書法作品

〔註70〕董作賓《董作賓先生全集乙編》第四冊，藝文印書館，1977 年 12 月，第 738頁。

在甲骨書法創作實踐上，董作賓身體力行並產生重要影響。根據曾經追隨董作賓從事安陽殷墟發掘和研究的中央研究院院士石璋如描述，董作賓喜歡書寫甲骨文對聯，1930 年前後便有相當興趣，1938 年到了昆明龍頭村之後，經常借寫甲骨文字對聯以自娛，並臨摹殷墟文字精華成作品。董作賓十分注重甲骨摹寫，他常常採用的方式是先用玻璃紙蒙在拓片上，勾出輪廓，再與原版甲骨對照，摹寫上面的卜辭。〔註 71〕另外在美國芝加哥大學任教的錢存訓教授也對董作賓在甲骨文書法上的堅持留下深刻影響，他說董作賓竭力想把中國古代的文字進行推廣，如果用宣紙書寫，在美國裝裱不方便，董作賓先生就購買各種顏色的圖畫紙和廣告紙，裁成各種大小尺寸，用各種顏色的畫料書寫並配上鏡框做成裝飾品，每有友朋來訪，便以此饋贈。胡適之先生曾說過：「他從太平洋走到大西洋，幾乎沒有一家中國朋友或美國的中國學者家中沒有董作賓的甲骨文。」〔註 72〕

需要注意的一點是，董作賓在甲骨文書法創作上並不是完全站在文字學的角度，而是認為既然書法是藝術，那甲骨文書法創作就應當用藝術的態度來對待，不能全用學術立場加以限制，對此他曾經在《甲骨文書法》中專門提出聲明。「我父親 1956 年在香港大學東方文化研究院時期為《中外畫報》寫過一篇《甲骨文書法》，現在就摘錄兒段在這裡：我因為研究甲骨學已 30 餘年，起初是喜歡用玻璃紙摹寫借來的拓本，摹寫日久，寫出來能夠得其形似，朋友們要我寫字，我也樂得藉他人的紙作自己練習。在此應該聲明的是，書法只是美術品之一，不能全用學術立場加以限制。現在甲骨文可識的字，雖有 1500 個，不絕對可靠的字也還不少，若嚴格地加以指謫，更使書家們不敢下筆了。」〔註 73〕

從以上的論述可以看出，民國時期甲骨文書法重新展露風采，羅振玉、董作賓等人也做出積極回應，對其進行深入研究和推廣。通過其他文本資料我們更加肯定的是，在民國時期關於甲骨文書法的研究不僅僅是個別行為，而是吸引了不少頂尖學者的參與，其中更是不乏精彩的觀點，著名學者、書法家郭沫若認為，無論從甲骨文的大小、力度還是從疏密、結構的把握來看，只有精通此道的人才有資格刻寫，當時用刀骨與現在的人用筆墨一樣需要卓

〔註 71〕董玉京著《甲骨文書法藝術》，大象出版社，1999 年 04 月第 1 版，第 1 頁。
〔註 72〕董玉京著《甲骨文書法藝術》，大象出版社，1999 年 04 月第 1 版，第 4 頁。
〔註 73〕董玉京著《甲骨文書法藝術》，大象出版社，1999 年 04 月第 1 版，第 5 頁。

絕熟練的技術作保障，在《殷契萃編》序中他說「卜辭契於龜骨，其契之精而字之美，每令吾輩數千載後人神往。文字作風且因人因世而異，大抵武丁之世，字多雄渾，帝乙之世，文咸秀麗。細考於方寸之片，刻文數十，壯者其一字之大，徑可運寸。而行之疏密，字之結構，迴環照應，井井有條。固亦間有草率急就者，多見於廩辛康丁之世，然雖潦倒而多姿，且亦自成一格。凡此均非精於其技者絕不能為。技欲其精，則練之須熟，今世用筆墨者猶然，何況用刀骨耶？」〔註 74〕

4.3　民國學者對技術和形式的空前重視

書論當中對技術的重視是民國書法理論的一大特色，原因不外乎兩種，一是技術缺失，一是藝術表現意識增強。

4.3.1　對書法形式的空前重視

實際上清末學者對形式的思考已經初具規模。康有為《廣藝舟雙楫》就曾稱「蓋書，形學也」，並就中國字與外國字比較說：「中國自有文字以來，皆以形為主，即假借行草亦形也，惟諧聲略有聲耳，故中國所重在形。外國文字皆以聲為主，即分篆隸行草，亦聲也，惟字母略有形耳。蓋中國用目，外國貴耳。」〔註 75〕

另外，受西方藝術的衝擊和影響，民國學者尤其是藝術家們不再滿足於傳統文人式的消遣模式，中國古代藝術創作以及品評通常遵循形神兼備、神高於形的原則，古代形神兼備的理想無疑十分高明，但弊端是一部分人藉此對藝術的形式降低要求導致形神皆無。而接受過西方藝術思維洗禮的民國藝術家們力求改變這一現狀，他們對藝術形式空前重視，其中以林風眠的「期藝術形式上之發達」觀點最為明確，這無疑是對中國傳統藝術理論的一種有力挑戰。

林風眠寫於 1926 年的《東西藝術的前途》首先講藝術是如何構成的，認為藝術是人類為適應情緒流動的性質，尋求一種形式，在自身或自身之外實現理性與情緒的調和。相比於宗教，藝術更加能夠跟隨時代的潮流，因此他同意蔡元培的美育代宗教說。其次講東西藝術根本上之同異，結論是西方藝

〔註 74〕郭沫若《殷契萃編》，科學出版社，1965 年 6 月，第 27 頁。
〔註 75〕康有為《廣藝舟雙楫》，《歷代書法論文選》，上海書畫出版社，1979 年 10 月，第 753 頁。

術以模仿自然為中心，東方藝術以描寫想像為中心。第三講調和東西藝術，認為東方藝術因為形式過於不發達，反而不能表現情緒上之所需求，把藝術陷於無聊時消倦的戲筆，因此竟使藝術在社會上失去其相當的地位（如中國現代），因此需要學習西方藝術之所長，而期形式上之發達，調和吾人內部情緒上的需求，而實現中國藝術上之復興。〔註76〕林風眠明確指出藝術在於通過外在形式來表現人的情緒，從而實現內在和外在的統一協調。他認為東方藝術由於形式上的不發達，造成難以表現情緒的困境，導致藝術失去了社會地位。顯然，林風眠受到西方藝術觀念的很大影響，他的觀點與黃賓虹、傅雷等人有很多相似之處，在當時應當是具有代表性的。

宗白華在《希臘哲學家的藝術理論》中說：「藝術家往往傾向以『形式』為藝術的基本，因為他們的使命是將生命表現於形式之中。而哲學家則往往靜觀領略藝術品裏心靈的啟示，以精神與生命的表現為藝術的價值。」〔註77〕

接下來我們來看看民國學者對於書法的形式展開不同以往的論述。

林語堂從藝術形式的角度對書法如何成為典型中國藝術進行理性地探究和闡釋，他將書法藝術性和文學性之間劃清界限以突出形式對於書法藝術的重要意義。他說「學習書法藝術，實則學習形式與韻律的理論，由此可見書法在中國藝術中的重要地位。……在我看來，書法代表了韻律和構造最為抽象的原則，欣賞中國書法是全然不顧字面含義的，人們津津欣賞它的線條和結構。於是，在研習和欣賞這種線條的勁力和結構的優美之時，中國人就獲得了一種完全的自由，全神貫注於具體的形式，內容則撇開不管。」〔註78〕從這裡可以看出，林語堂將書法藝術性和文學性之間劃清界限，力圖突出書法形式的重要意義。他認為書法家的不同書風其實就是依靠各自不同的韻律和結構來實現，他說「這門藝術具有 2000 年的歷史，且每位書法家都力圖用一種不同的韻律和結構標新立異，這樣，在書法上，也許只有在書法上，我們才能夠看到中國人藝術心靈的極致。」〔註79〕

〔註76〕林風眠原著，朱樸選編《林風眠論藝》，上海書畫出版社，2010 年 1 月，第 13 頁。

〔註77〕宗白華《希臘哲學家的藝術理論》，載《美學散步》，上海人民出版社，1981 年 6 月，第 231 頁。

〔註78〕林語堂《中國書法》，鄭一增編《民國書法精選》，西泠印社出版社，2011 年 3 月，第 101～103 頁。

〔註79〕林語堂《中國書法》，鄭一增編《民國書法精選》，西泠印社出版社，2011 年 3 月，第 101～103 頁。

　　進一步，林語堂對中國書法的韻律和形式背後的原理和原則有作出深刻闡述，他提出「萬物有靈原則」，意即書法韻律和形式源從自然界捕捉到藝術的靈感。他稱「中國書法探索了每一種可能出現的韻律和形式，這是從大自然中捕捉藝術靈感的結果，尤其來自動物、植物——梅花的枝丫、搖曳著幾片殘葉的枯藤、斑豹的跳躍、猛虎的利爪……於是，凡自然界的種種韻律，無一不被中國書法家所模仿，並直接或間接地形成了某種靈感，以造就某些特殊的書體。」〔註80〕林語堂「書法韻律——萬物有靈原則」對中國書法及其萬物有靈原則的研究，歸根結底也就是在萬物有靈或韻律活力的原則指導下，對自然界韻律所進行的再研究，它會為現代藝術開闢廣闊的前景。按，林語堂這裡的萬物有靈或韻律活力原則應當是古代書論中「氣」為本體論的延續。對中國文化的深刻認識以及對西方思考問題的方式的融合堪為經典。動態原理（張法老師所說的中國人的動態的宇宙觀）在書法上生發出來的一種生態原理，體現出一種寓平衡於其中的「勢」，這其實是對古代書論裏經常提及的書法之勢的一種現代闡釋。

　　相對而言，鄧以蟄的觀點就更富有中國古典意味，他認為書體可以分為形式和意境兩部分內容，但是書法不可以將形式和意境分開來講。他說「一切書體可歸納於形式與意境二種，此就書體一般進化而論也。若言書法，則形式與意境又不可分。何者？書無形自不能成字，無意則不能成書法，字如純為言語之符號，其目的止於實用，固粗具形式即可；若云書法，則必於形式之外尚具有美之成分然後可。如篆隸既曰形式美之書體，則於其形式之外已有美之成分，此美蓋即所謂意境矣。」〔註81〕實際上鄧以蟄在這裡是想抑形式美而揚意境之美，但從另一種意義上看，鄧以蟄將書法的形式和意境的關係進行理論分析又恰恰反映了無論持有何種觀點，民國學者的意識當中已經對書法的形式提到了前所未有的高度。

　　顯然，民國時期學者開始關注書法形式的問題，這涉及到書寫結果與書寫過程二者之間的關係。幾千年來，書法與文字、宗教、道德越來越緊密地聯繫在一起，書法的書寫過程以及各種文化因素往往比書寫結果（形式）更

<hr>

〔註80〕林語堂《中國書法》，鄭一增編《民國書法精選》，西泠印社出版社，2011 年 3 月，第 101～103 頁。

〔註81〕鄧以蟄《書法之欣賞》，鄭一增編《民國書論精選》，西泠印社出版社，2011 年 3 月，第 125 頁。

受重視，正是由於這樣的原因，藝術個體的創造精神受到不同程度的阻礙。民國時期書法家對書法形式的重視預示著對書法藝術創作中自由的回歸和個性的解放，甚至對於若干年以後書法歷史的突變都產生極其深遠的影響。

4.3.2 對技術本身的提倡

　　古代書法理論尤其從宋代開始，認為書法的技術是較低層面的內容不值得提倡，「技進於道」、「論畫以形似，是與兒童鄰」等等主張實際上反映的是中國藝術特有的形神觀、技術觀。而一些民國學者在西方藝術主張以及科學研究方法的影響下，對古代的藝術創作觀念進行反思，開始明確提出技術對書法藝術的重要性，應該說是書法歷史上的一大轉折。時至20世紀末，才有邱振中、白砥、沃興華關於書法技法分析、空間分析、形式構成分析的書法著作出現，不得不說民國學者的視野具有相當的前瞻性。接下來我們來看看民國學者如何看待藝術創作的技術要素。

　　首先，從藝術原理上講技術對藝術創作的重要意義，典型的有豐子愷和李樸園。李樸園曾在文中專門探討技術與內容一致的重要性，「技巧與內容之一致，是藝術家所企求的圓滿之境。因為，技巧的最高價值在於表現內容，技巧不能與內容一致，內容便受了技巧的損害；內容是藝術家苦心孤悟表出的，內容受了損害，事實上便是藝術家受了損害。假如技巧能同內容完全一致，技巧能表達內容到了全無遺憾的境地，這作品便是成功的作品。」〔註82〕孫以悌在1934年發表於《史學論叢》的《書法小史》稱技能是藝術的唯一要素，「夫構成書法之條件有三：一曰點畫，二曰結構，三曰布置……欲答此難，當先申明藝術之原理。藝術之道，論者咸謂首貴自然，不知自有藝術之名詞以來，即無能合乎自然條件之藝術……技能乃藝術之唯一要素。」〔註83〕

　　豐子愷將技術提到與美德幾乎相當的地位，認為藝術必須兼備善和巧，而藝術家當然需要兼備美德和技術。稱「所謂美德，就是愛美之心，就是芬芳的胸懷，就是圓滿的人格。所謂技術，就是聲色，就是巧妙的心手。先有了愛美的心，芬芳的胸懷，圓滿的人格，然後用巧妙的心手，借巧妙的聲色來表示，方才成為藝術。先有了可貴的感想，再用巧妙的言語來表出，即成為好詩。用巧妙的形狀色彩來表出，即成為好畫。這好詩與好畫便是好藝術。不然，倘只

〔註82〕李樸園《藝術之批評》，《亞波羅》1936年第16期，第11頁。
〔註83〕孫以悌《書法小史》，《史學論叢（北京）》，1934年第一期，第16頁。

有美德（即只有可貴的感想）而沒有技術（即巧妙的心手），其人固然可敬，但還未為藝術家。反之，倘只有技術而沒有美德，其人的心手固然巧妙，但不能稱為藝術家，他們只是匠人。現今多數人的誤謬，就是錯認匠人為藝術家。故藝術必須兼有巧妙的形式和可貴的內容，即藝術家必須兼有技術和美德。由此可知真正的藝術，必兼備善和巧兩條件。善而又巧，巧而又善，方可成稱為藝術。」〔註84〕但是在整體修養的重要性方面，豐子愷還是以品德為重，這也充分反映出中國幾千年儒家文化對藝術創作理念的深刻影響。他稱「但在修養上，兩者的先後與重輕，亦非鄭重分別不可：欲為藝術家者，必須先修美德，後習技術，必須美德為重，而技術為輕。何以言之？因為其足美德而缺乏技術，其人基礎鞏固，雖不能為成全的藝術家，自不失為高尚善良的一個人。『文質彬彬然後君子』，猶美德與技術兼備方為藝術家也。『質勝文則野』，猶美德勝於技術，不失為善良之人也。『文勝質則史』，猶技術勝於美德，而為機巧之徒。先賢說『與其史也寧野』，現在我可模仿他說：新中國的藝術學者，與其為技巧之徒，毋寧為善良之人。」〔註85〕

其次，從個性表現的角度看待技術對創作風格的意義。黃賓虹與傅雷這一對忘年交對中國的藝術具有十分深刻的認識，一方面，他們對自身的藝術創作要求極高，他們對侃侃而談不思進取的藝術氛圍表達不滿。另一方面，他們對藝術創作理論進行總結和探析，發人之未發，想人之未想，尤其是對技術本身的提倡顯得不同尋常。黃賓虹認為藝術創作的風格差異完全取決於藝術家各自的技術特點，「藝術終極鵠的，雖為無我，但賴以表現之技術，必須有我……故若無「有我」之技術，何以表現因人而異之悟境？摹古鑒古，乃修養之一階段，藉以培養有我之表現法也。」〔註86〕傅雷更是直接喊出「沒有技術就沒有藝術」的口號，這源自他對當時藝術創作圓滑不實的現實風氣極度不滿，他號召藝術家實事求是地加強對技術的鑽研，在1933 年 1 月參與「中國藝術界之前路」的話題的討論中，傅雷的觀點從文章標題上就一目了然：《我再說一遍：往何處去？往深處去》；他的藝術批評一直貫穿著兩個原則：一個是沒有技術就沒有藝術；另一個是沒有思想就

〔註84〕豐子愷「桂林藝術講話之二」（1938 年夏），豐子愷《子愷論藝（下）》，北京海豚出版社，2013 年 9 月，第 23 頁。

〔註85〕豐子愷「桂林藝術講話之二」（1938 年夏），豐子愷《子愷論藝（下）》，北京海豚出版社，2013 年 9 月，第 23 頁。

〔註86〕趙志鈞主編《黃賓虹書簡續》，河北教育出版社，2005 年 2 月，第 142 頁。

沒有自我。〔註87〕

另外，我們從書論當中也能看到書法家對於書寫技術的深入剖析。鄭孝胥在《跋泰山石經峪》一文中寫到：「相傳，書法大字麼令小，小字拓令大。包慎伯非之，以為大字小字法各不同。吾意二說皆拘於墟而未通其旨者也。字之疏密、肥瘦，隨其意態以成其妙，執死法者必損其天機。大小隨殊，理固無異矣。《石經峪》大字乃楷隸相參之法，此縮印本，若登泰山而小天下，山河萬里皆在掌中，其取勢新奇，開天闢地，發人神智，真器官也。學者於此，可以悟大小一致之理，皆脫俗與塵上，挾飛仙以遨遊，不亦快哉。」他提到下筆作書的感受說：「用楷勢作書，遇生紙則墨不入，所謂筆不能殺紙也；若用隸書下筆取勢，則筆倒墨注，揮霍自如，此間未達一間，久持當可造自然。臨造象中活潑變化諸刻，用草隸法似頗得手，以作《瘗鶴銘》亦有合。」〔註88〕

徐謙所著《筆法探微》挾其四十餘年作書之功力，解釋筆劃的形跡與用筆方法的區別，並對古代人用筆之妙發表獨到的看法。他認為歷代論書，只談筆劃的形跡，用筆法卻秘而不宣，致學書者只求形似而捨棄用筆妙法，在徐謙看來，所謂用筆方法並不是「永字八法」，「永字八法」僅僅告訴人們筆劃的形跡，真正的用筆方法，應該是告訴人們怎樣合乎法則地用筆。徐謙認為歷代論用筆最精的莫過於東漢蔡邕的(九勢)，即藏(頭)、護(尾)、啄(筆)、磔(筆)、趯(筆)、掠(筆)、戰(筆)、鱗(筆)、勒(筆)，他認為把它們用於篆、隸、楷、行、草各種書體中，都可相通。另外還覺得蔡邕所論過於簡練，有些筆法尚未完備，於是增加了盈中、出鋒、轉筆、折筆、往復、波動、擺筆、攪筆、換筆、滾筆、反筆十一種筆法，成十九種。〔註89〕顯然，徐謙想通過對古代書論中關於筆法的論述加上自己的補充，從而對於這些筆法的用法做出最為詳盡的解釋。

應該說，提倡重視技術開始成為民國時期藝術創作的一種潮流，不僅書法如此，繪畫亦然。弘一對東西方繪畫理念爛熟於心，在對二者進行闡釋比

〔註87〕藏傑《民國美術先鋒——決瀾社藝術家群像》，新星出版社，2011 年 4 月，第 11 頁。

〔註88〕鄭孝胥《鄭孝胥日記》，中國國家博物館編，勞祖德整理，中華書局，1993 年 10 月第一版卷三，第 1578 頁。

〔註89〕徐謙《筆法探微》，崔爾平編《明清書論集》，上海辭書出版社，2011 年 8 月，第 1580 頁。

較之後，他得出結論，認為觀察事物與社會現象需要加強描寫技術的改進，提倡多吸收新的學科和新的技法。弘一法師《中西繪畫比較談》中說「中國畫注重寫神，西畫重在寫形。由於文化傳統的不同，寫作材料的不同，技法、作風、思想意識上種種不同，形式內容也作出兩樣的表現。中畫雖不拘泥於形似，但必須從形似到不拘形似方好；西畫從形似到形神一致，更到出神入化。中畫講筆墨，做到「使筆不可方為筆使，用墨不可方為墨用」，從而「寄興寓情，當求諸筆墨之外」。宇宙事物既廣博，時代又不斷前進。將來新事物，更會層出不窮。觀察事物與社會現象作描寫技術的進修，還須與時俱進，多吸收新學科，多學些新技法，有機會不可放過。」〔註 90〕徐悲鴻也強調個性要靠技術來表現，他有一篇標題為「美術之起源及其真諦」的文章，認為無論是繪畫、雕塑還是書法都必須具有性格，而準確的筆力正是變大性格的惟一工具，稱「吾今乃欲與諸先生言藝事之究竟，諸君必問曰：美術品之良惡，必如何之判之乎，曰：美術品和建築必須有謹嚴之 style，如畫如雕，在中國如書法，必須具有性格，其所以顯此性格者，悉賴準確之筆力，於是藝人理想中之景象人物，乃克實現。故 execution 乃藝術之目的，不然，一鄉老亦蘊奇想，特終寫不出，無術宣其奇思幻想也。」〔註 91〕

〔註 90〕古流、彭飛編《弘一大師談藝錄》，河南美術出版社，2000 年 3 月，第 20 頁
〔註 91〕王震編《徐悲鴻藝術隨筆》，上海文藝出版社，2000 年 3 月，第 11 頁。

第 5 章　民國時期書法品評觀念

　　書法批評主要包含兩大部分，一是評價得失，一是品論高下。無論是評得失還是品高下，人們都會找出一定的參照物，古代書法批評家常常引用文論、畫論以作參照，在書法內部則多以鍾繇、張芝、王羲之、王獻之等名家為參照標準。這種批評模式突出的特點是經驗性和延續性強，論者往往依靠自己的學書經驗對批評對象發表感悟式議論，我們看到的大量書法題跋就屬於此類，這種論述一般包括師承對象、取法得失、個體風貌等幾方面，得出的結論相對來講比較統一，但突出問題是缺乏體系性和創見性，容易產生沿襲前人或者人云亦云之弊端。另外古代書法批評一大特點就是常常顧左右而言他，尤其是唐代宋代學者在談論書法的時候實際上更多地在談論哲學和倫理道德，而民國時期學者越來越傾向圍繞書法本體來展開深入探究。

　　書法藝術批評史發展到民國時期可以說已經進入現代化進程，尤其是受到西方學術影響的一批學者開始從新的視角來看待書法這一古老的藝術門類，這為書法藝術批評注入新鮮的血液，他們完全稱得上是書法批評現代化道路上的先行者。最為突出的改變是藝術批評變得自覺，首先民國藝術批評家不再滿足於感悟式的評論，而是將人物或者流派置於一個時代背景之中進行探討，例如李樸園《中國藝術史概論》首先應用採用了唯物史觀的格局來研究中國歷代以來的藝術史；沙孟海也明確提出藝術具有國民性和時代精神，其《近三百年的書法》從書法批評史的角度看則具備較為完整的體系性和邏輯性。另外民國學者意識到藝術批評在於「澄清」和「喚起」，能夠成為藝術家和普通民眾之間的橋樑，對於藝術普及和發展具有十分重要的意義。朱光

潛詳細論述美感經驗與理性批評的區別，其《藝術心理學》提出批評有創造欣賞做基礎才不懸空，創造欣賞有批評做終結，才底於完成。具體到書法藝術，劉咸炘《弄翰餘瀋》對書法欣賞和批評的方法和步驟以及何為體勢何為骨肉筆墨等概念交代得十分清楚。第二個突出的改變是文藝心理學在書法批評當中的應用，張蔭麟首次從心理學的角度對書法的線條如何引發欣賞者的情感進行理論闡釋；而朱光潛一方面用「移情說」來介紹在欣賞書法作品過程中，欣賞者如何將自己內心深處的性格和情趣不自覺地投射到作品上來，另一方面借用「內模仿說」來解釋書法欣賞過程中由物到我的轉化過程。第三，在品評標準方面，張宗祥、劉咸炘等民國學者反對以派別歸屬以及時代先後品評書法高低，但藝術審美的普遍原則和藝術批評的基本標準畢竟很難達成共識，他們提出的諸如「變化統一」這樣的原則實際上還遠遠不能作為評判書法藝術的金科良律。第四，在書法審美趣味傾向上，從民國時期對於趙之謙、鄭板橋、金農等人的評價能夠反映出人們關於厚與媚、拙與巧、正宗與變革的不同認識。

5.1 以李樸園為例來看民國時期藝術批評的自覺

5.1.1 「時代」和「環境」——唯物史觀批評觀念的要點

李樸園所著《中國藝術史概論》首次採用唯物史觀的方法來研究中國歷代以來的藝術變遷史，這種研究方法最為明顯的特色就是注重經濟水平和物質文化對於藝術發展的影響，而減少了中國藝術理論常用的主觀玄談方式。例如他評價晚清至民國初年的繪畫存在普遍的「模古派」，他首先從時代的角度提出模古是當時一種反抗外來壓迫的意識的反映，認為當時的藝術家一方面感受到外來的壓力另一方面又沒有辦法擺脫，所以自然而然會陷入數千年來固有繪畫的套路當中去；另外他又從畫家和畫商的心理轉化來看待當時的模古現象，他認為當時繪畫藝術已經從以往閒情雅致式的「雅賞之事」變化成「專恃繪畫潤例以為生活」的商品，所以畫家便開始很據畫商的需求來安排作品的尺幅大小和風格內容等等，而購買繪畫的主顧多為遺老遺少，他們的崇古心理當然會對畫家的風格內容起到很明顯的決定作用。〔註1〕李樸園

〔註1〕李樸園《中國藝術史概論》，上海三聯出版社，2014年3月，第195～196頁。

的藝術史觀與「丹納的藝術三原則」可以說一脈相承（所謂「丹納的藝術三原則」一是作者所屬的種族（Race）；二是作者所在的環境（Suroundings）；三是作者所屬的時代（Epoch）），我們從其《藝術之批評》一文就能看出他對丹納的看重，在文章中李樸園單獨拿出第五節介紹丹納三原則。〔註2〕

　　如果將沙孟海的書學批評觀念與李樸園對照一下就能輕易發現二人的一些相似之處。沙孟海《近三百年的書學》一文著重提到書法藝術的時代性和國民性，認為特定的時代和政治環境會決定其文藝的特點，這與李樸園看待藝術史的方法非常一致，他稱「揚雄以書為心畫，我們也覺得任何人寫出來的字都酷肖其人，非但籠統地酷肖其人，而且這個人的某一時期也自有某一時期的字。歐洲人本來無所謂書學的，可是他們的「簽字」也是他們的「心畫」。記得有人把拿破崙早年、晚年、盛的、衰的各時期的簽字排將攏來比較一下，就覺得各有各的神氣。只這幾筆的簽字，尚且如此，何況我們連篇累牘的墨蹟呢？進一層說，非但一個人各時期中的字有不同罷了，我們見到一幅字，或一種石刻，假使沒有署名，或其人不知名又不寫明朝代及紀元，那麼我們盡可以審定它是哪一朝的作品，至少有十之八九的把握。某一時代某一處所的政治環境和社會狀態怎麼樣，它們所產生的文藝（無論文學、書學、畫學……）便怎麼樣，各方面都有牽連，逃不過識者的慧眼。所以說，藝術是

〔註2〕李樸園《藝術之批評》，《亞波羅》1936 年第 16 期，第 7 頁。

有國民性和時代精神的東西。」〔註3〕同樣，我們從鄧散木對歐陽詢和虞世南二者的評論也能夠看出民國學者對於方法論的重視，他提出對歐虞二人的比較首先要看他們所處的時代背景，再比較他們的藝術性和創造性，通過這樣的全方面比較分析才能得出相對客觀公正的結果。〔註4〕

5.1.2　批評在於「澄清」與「喚起」

民國時期學者十分關注批評以及批評家對於藝術的意義。藝術的人文性和主觀性決定了藝術創作、藝術品評永遠是很複雜很難解釋清楚的事情，而對真理孜孜追求的人們往往又對事物處於一種模棱兩可含糊不清的狀態感到不滿，尤其是進入近現代文明的民國學者，他們試圖運用新的知識結構對古往今來的藝術批評進行一番徹底的總結和論證。他們認為社會上藝術領域出現的雜亂無章是因為藝術批評沒有跟上造成的，其中最直接的問題是沒有專業的藝術批評家，因此，李樸園才稱「只有等著有一批有教養的批評家出來，一面為群眾教導著藝術家，使他們知道怎樣去產生好的作品；一面為藝術家教導著群眾，使他們知道怎樣去欣賞好的藝術作品。等藝術家們知道在當時當地應當產生怎樣的藝術作品，等一般的讀者知道怎樣的作品才算得是好作品之後，藝術界才能有一種澄清的現象，藝術才能尋得到一條正當的前途。」〔註5〕顯然，李樸園認為只有一批有責任感有藝術修養的批評家在藝術領域真正發揮好作用，這樣就會避免是非顛倒、認賊作父等亂象的出現，藝術領域才會得到一種「澄清」。

從其他學者的文章當中我們也能輕易推斷出當時藝術發展的生態環境不容樂觀，藝術創作和藝術作品難以被各個階層所理解，藝術家的社會影響力低下，這樣的情景讓有學識有修養的人尤其讓那些受過西方教育思想影響的人覺得難以接受，他們也不斷在思考究竟是什麼原因造成這種局面的出現，作為藝術家和大眾之間的橋樑的藝術批評很容易成為大家討論的對象，因此藝術領域對藝術理論和藝術批評的反思可以說是一種必然。我們從林文錚為李樸園《中國藝術史概論》所寫的序言可以看出當時藝術工作者的困惑，權

〔註3〕沙孟海《近三百年的書學》，鄭一增編《民國書論精選》，西泠印社出版社，2011 年 3 月，第 72 頁。

〔註4〕鄧散木《臨池偶得》，鄭一增編《民國書論精選》，西泠印社出版社，2011 年 3 月，第 215 頁。

〔註5〕李樸園《藝術之批評》，《亞波羅》1936 年第 16 期，第 2 頁。

威者對藝術蔑視誤解、資產階級冷漠，普通民眾更是疲於奔命無暇顧及，林文錚對於藝術在國內的遭遇可謂痛心疾首，他說「總觀今日之中國社會，對於藝術之態度，在執權威者多屬於蔑視或誤解，在資產階級則以為無利可圖而冷淡之，在民眾則迫於救命，絕對沒有享受藝術之機會或暇餘。只有少數靈敏的青年，對之望眼將穿。一言而蔽之，整個中國社會尚不知藝術為何物！他們雖患了精神的痼疾而只默認為不可救藥而已。這種淒慘的現象是刻不容忍的，中國藝術界尤不能不勉力負此重擔呵！」之所以出現以上情況，林文錚認為藝術家在創作方面做出不少努力但引起的社會效果十分有限是由於藝術批評的缺失，「其原因不全在作家之昧於時代思潮，而在社會之不明了藝術的性質，換言之，社會不知藝術之真義，其咎在藝術界言論之缺乏，不能喚起大眾對於藝術發生興趣而愛好之、瞭解之。」〔註6〕

如果說藝術史論家從理論上強調了藝術批評的重要性，那麼，專業的藝術批評如何從學理上與普通民眾對藝術品的評價拉開距離呢？從西方留學歸來的朱光潛等人給出了他們的解釋，朱光潛用學術化的方式對藝術欣賞與批評之間的關係進行分析。首先他提出欣賞與批評存在質的區別，因為欣賞實際上是用的美感的態度去感知，而批評則是根據理智進行主觀判斷，他說「一般人所謂批評的態度須用理智，真正的美感的態度則全憑直覺；批評的態度須預存美醜的標準，美感的態度則忌雜有任何成見；批評的態度把我放在作品之外去評判它的美惡，美感的態度則把我放在作品中間去分享它的生命。」〔註7〕另外他又認為欣賞是批評的基礎，他提到十六世紀的英國詩人 Ben Jonson 曾說過「只有詩人，而且並非一切詩人，只有第一流詩人，才有批評詩人的本領。」因為只有具備一定的藝術經驗以及對藝術創作過程有一定的瞭解，才可能具備對美的真正感受，也才具備藝術批評的條件，朱光潛稱「不能領略美的人談不到批評，不能創造美的人也談不到領略。批評有創造欣賞做基礎，才不懸空；創造欣賞有批評做終結，才底於完成。就批評為「創造的批評」而言，它和美感的態度雖然有直覺和反省的分別，卻彼此互相補充。」〔註8〕

書法批評家對於書法批評的步驟和要點也有明確的觀點，例如劉咸炘在《弄翰餘瀋》中將文論的方法借鑒到書法評論當中，說「論文必先知體勢、

〔註6〕李樸園《中國藝術史概論》，上海三聯出版社，2014年3月，第2~3頁。
〔註7〕朱光潛《文藝心理學》，復旦大學出版社，2009年4月，第70~71頁。
〔註8〕朱光潛《文藝心理學》，復旦大學出版社，2009年4月，第71頁。

詞氣之分別，論書亦必先知體勢、筆墨之分別，此固鑒賞之基礎，能鑒美醜，然後可以論派別也。且毋高論而詳析之：體者，篆、分、真、草，猶文之體式也；勢者，結構之疏密方圓，猶文之單復、駢散、頓挫、抑揚也。文積字句而成，書亦積點畫波磔而成；文以語詞為筋脈，書亦已使轉為筋脈，其有頓挫抑揚同也。文之字句有濃淡肥瘠之分，譬之為血肉與骨；書亦然，而謂之筆與墨。」〔註9〕

5.1.3　批評家如何充當「公正人」角色

當藝術批評被看做一門嚴肅的獨立的學科時，藝術批評家就應該是站在藝術的立場對藝術家及其藝術作品進行深刻的考察和客觀評論，而不僅僅是根據政治因素或者個人喜好而發出的隨意的感悟式的議論，藝術批評家自身關於哲學邏輯、美學、藝術史等各方面的修養就顯得尤為重要。

一方面是批評家的修養問題。李樸園認為批評家須要具備以下五個方面的修養：1，一般的常識；2，一般的哲學頭腦，意思需要獨立的系統的思考能力才能從千變萬化的藝術家性格當中理出頭緒；3，美學的修養，意即能用美學的方法對藝術作品的整體和局部進行分析，而不是以直觀遇作品而感受器好壞的方式；4，一般的史的知識，意即具備了解藝術家所處的時代以及之前時代精神的能力；5，藝術史的特殊修養，意即對藝術史的發展演變要有一個較為清晰的認識，以便進行藝術品的分類和比較。另一方面批評家則是的態度問題。李樸園認為一個公正的藝術批評家應該根據自己的修養對作品的好壞和價值直抒己見，不管是否得罪或是奉承了某一些人，他稱「批評家實在是介於藝術家與欣賞者之間的一種公正人：既不能在公眾面前袒護藝術家，也不能在藝術家面前袒護公眾；卻要以兩面都愛護而兩面都不溺愛的態度處理藝術家和公眾之間的事件。」〔註10〕

毋庸置疑，對批評本身的反思意味著批評意識的自覺，藝術家及其藝術創作需要得到更廣泛的社會認同卻又不能失去自我，藝術批評以及藝術批評家將藝術家的作品和思想解讀出來，同時還及時地提醒藝術家前進的方向或者是潛在的危險和危機，從某種意義上講，現代批評家的出現以及現代批評

〔註9〕劉咸炘《弄翰餘瀋》，《歷代書法論文選續編》，上海書畫出版社，2004年12月，第910頁。

〔註10〕李樸園《藝術之批評》，《亞波羅》1936年第16期，第7頁。

自身的反思應該是藝術發展的必然結果，同時也為藝術各門類的批評提供了原理上的參考和引導。

5.2　書法鑒賞的科學性闡釋——文藝心理學在書法批評領域中的應用

5.2.1　書法欣賞原理——張蔭麟「體態模仿」及其欣賞條件論

在中西藝術比較過程中，中國學者經常會用線條來說明問題，因為線條在中西方都是通用的審美對象，而且線條是表現韻律的有效工具。林語堂《中國書法》一文中提到「中國藝術是線的藝術，而中國人正是通過書法才學會線條和形體的基本概念。書法代表了韻律和構造最為抽象的原則，欣賞中國書法是全然不顧字面含義的，人們僅僅欣賞它的線條和結構。」〔註 11〕從林語堂以上的說法可以看出他將書法基本上看做一門造型藝術，他對書法創作的要求是體現最抽象最深刻的藝術原則。書法藝術的自由表現在於沒有具體形象內容的束縛，創作者只需要關注線條本身和結構美，如此一來，各種韻律都能得到嘗試，各種結構形式都可以得到探索。

張蔭麟進一步從心理學的角度對書法的線條如何引發欣賞者的情感進行理論闡釋。張蔭麟認為書法的線條暗示著書法家身體的狀態（他稱為體態模仿），所以觀賞者需要在想像中將書法家的創作過程進行重埧才能感受到書法家的情感，這就對觀賞者的素養提出要求，一是能夠追溯一字之筆路，二是要知道筆劃的形態與其運筆方法的關係以便重構書法家創造的歷程。緊接著，張氏又提出藝術普遍性和特殊性的問題，因為從理論上講藝術作品能夠表現情感當為一般人所領略，那麼書法藝術為何不能被西方人所理解呢？張氏的結論是因為藝術欣賞的潛能與欣賞素養二者存有區別，一般人都具有欣賞的潛能但不一定具備欣賞的素養，他認為「藝術品所需要之技術上的知識及經驗愈多者，則能欣賞之人愈少，例如音樂、建築及繪畫上有許多名作皆帶『貴族性』，因此書法藝術難以被西洋人理解也就在情理之中了。」〔註 12〕當代學

〔註 11〕林語堂《中國書法》，鄭一增《民國書論精選》，西泠印社出版社，2011 年 3月，第 102 頁。

〔註 12〕陳潤成、李欣榮編《張蔭麟全集》中卷，清華大學出版社，2013 年 6 月，第1187 頁。

者毛萬寶對張蔭麟、鄧以蟄論及書法欣賞機制的相關文章進行過較為詳細的對比研究，認為鄧以蟄採用陳舊的歷史轉述方式缺乏新意，而張蔭麟對於書法欣賞的論述兼顧到藝術的共性和特殊性兩個方面，稱得上是真正美學意義上的欣賞論，論述十分精彩，以下是其原文：

「由上可見，張氏談書法欣賞，從欣賞條件到欣賞機制，又從欣賞機制到欣賞內容及標準，環環相扣，不僅具有極強的邏輯性，而且具有極強的系統性與完整性。這點即便在六年後以「書法之欣賞」為題撰文的鄧以蟄那裡亦未做到。……細讀張氏的書法欣賞論述，我們還感到，作者同時兼顧了共性因素與個性因素。所謂共性因素，指的是書法欣賞與其他藝術欣賞間相同的一些因素，如其中的條件論，作者就認為，書法欣賞一如音樂、建築與繪畫欣賞，都帶有「貴族性」，並且需要很多技術上的知識及經驗。稍後所論書法欣賞內容及標準中的平衡與韻節兩點，亦為其他視覺藝術所必備。這些共性因素的揭示，意義十分重大，有之則等於從欣賞論角度論證了書法作為藝術的普遍性與書法作為藝術的合法性，若無之，人們就有理由懷疑作者關於『中國書藝為一種藝術』的判斷。於是，作者對書法欣賞機制與點畫欣賞不可填改這些個性因素的描述與論證，就顯得不可或缺。由此可見，張氏的書法欣賞論是一種真正美學意義上的欣賞論，而遠遠不同於那些就書法欣賞談書法欣賞類的文字。」〔註13〕

80年代中國書學研究交流會論文選集收有一篇尹旭的《試論書法美》，文章有一節講藝術的欣賞，與張蔭麟的藝術欣賞條件論有異曲同工之妙，稱要獲得對書法美的高度判斷力就必須下一番苦工夫瞭解有關書法表現形式的專門知識，其中引用十九世紀德國古典美學的代表人物之一費爾巴哈對藝術欣賞的見解，說「如果你對於音樂沒有欣賞力，沒有感情，那麼你聽到最美的音樂也只是像聽到了耳邊吹過的風，或者腳下流過的水一樣。那麼，當音樂抓住了你的時候，是什麼東西抓住了你呢？你在音調裏面聽到什麼呢？難道聽到的不是你自己的聲音嗎？因此感情只是向感情說話，因此感情只能為感情所瞭解，也就是只能為自己所瞭解——因為感情的對象本身只是感情。」〔註14〕文中還提到馬克思曾經對此問題闡發得甚為縝密和精闢：「對於不懂音樂的耳朵，最美的音樂也沒有意義，就不是它的對象，因為我的對象只能是

〔註13〕毛萬寶《20世紀30年代書法美學成果》，《中國書畫報》2014年2月13日。
〔註14〕尹旭《試論書法美》，上海書畫出版社編《書學論集》1985年3月，第23頁。

我的某一種本質力量的證實，所以它對於我是怎樣也正如我的本質力量作為主體的能力對它自己是怎樣，因為一個對象的意義對於我必正和我的器官走的一樣遠。」〔註15〕

5.2.2　朱光潛的審美直覺論

　　另外一位美學大家朱光潛也對書法藝術的欣賞提出過獨到了看法，應該說朱光潛從藝術心理學的角度討論書法跟張蔭麟有共通之處，但朱光潛的美學和心理學背景令他的解釋更為深入一些。總的來講，朱光潛治學的方法是以哲學和心理學為依據來對藝術創作和藝術欣賞進行學理性探究，其美學思想根源主要由德國古典哲學結合現代心理學構成，對他產生過深刻影響的哲學家包括康德、尼采、叔本華等，心理學方面則受到格式塔心理學和弗洛伊德精神分析的影響較大。

　　朱光潛認為，對於藝術欣賞而言，最基本的要素是美感經驗，而美感經驗也就是對藝術形象的直覺，這對欣賞者提出兩點要求：一是得具備一定的藝術修養，一是在欣賞過程中需要與欣賞對象保持好審美距離意即調動自身的修養來擺脫現實因素的束縛以進入純粹的審美狀態。一旦進入了這樣一種審美狀態，關於實用的、知識的、理性的思維便不再作用於人，而剩下的只是情感上的物我相融（立普斯的「移情說」實際上說的就是物我相融）。所以朱光潛正是用「移情說」來介紹書法藝術的審美活動，欣賞者在欣賞書法作品過程中，將自己內心深處的性格和情趣不自覺地投射到作品上來，他說「顏魯公的字就像顏魯公，趙孟頫的字就像趙孟頫。所以字也可以說是抒情的，不但是抒情的，而且是可以引起移情作用的。橫直鉤點等等筆劃原來是墨塗的痕跡，它們不是高人雅士，原來沒有什麼「骨力」、「姿態」、「神韻」和「氣魄」。但是在名家書法中我們常覺到「骨力」、「姿態」、「神韻」和「氣魄」。我們說柳公權的字「勁拔」，趙孟頫的字「秀媚」，這都是把墨塗的痕跡看作有生氣有性格的東西，都是把字在心中所引起的意象移到字的本身上面去。」〔註16〕

　　美感經驗除了由我到物還存在由物到我的情感轉化，谷魯斯倡導的「內模仿」說就是試圖解釋這種由物到我的情感轉化，「內模仿說」主要是以局部活動象徵整體活動，意即以往經驗凝結成記憶之後，如果再現於意識的時候，其中

〔註15〕尹旭《試論書法美》，上海書畫出版社編《書學論集》1985 年 3 月，第 23 頁。
〔註16〕朱光潛《談美》，中華書局，2012 年 8 月，第 21～22 頁。

一個微小的細節就可以象徵它。〔註17〕朱光潛借用內模仿說來解釋書法欣賞過程中由物到我的轉化作用，他說「移情作用往往帶有無意的模仿。我在看顏魯公的字時，彷彿對著巍峨的高峰，不知不覺地聳肩聚眉，全身的筋肉都緊張起來，模仿它的嚴肅；我在著趙孟頫的字時，彷彿對著臨風蕩漾的柳條，不知不覺地展頤擺腰，全身的筋肉都鬆懈起來，模仿它的秀媚。從心理學看，這本來不是奇事。凡是觀念都有實現於運動的傾向。念到跳舞時腳往往不自主地跳動，念到「山」字時口舌往往不由自主地說出「山」字。通常觀念往往不能實現於動作者，由於同時有反對的觀念阻止它。同時念到打球又念到洇水，則既不能打球，又不能洇水。如果心中只有一個觀念，沒有旁的觀念和它對敵，則它常自動地現於運動。聚精會神看賽跑時，自己也往往不知不覺地彎起胳膊動起腳來，便是一個好例。在美感經驗之中，注意力都是集中在一個意象上面，所以極容易起模仿的運動。移情的現象可以稱之為『宇宙的人情化』，因為有移情作用然後本來只有物理的東西可具人情，本來無生氣的東西可有生氣。從理智觀點看，移情作用是一種錯覺，是一種迷信。但是如果把它勾銷，不但藝術無由產生，即宗教也無由出現。藝術和宗教都是把宇宙加以生氣化和人情化，把人和物的距離以及人和神的距離都縮小。它們都帶有若干神秘主義的色彩。所謂神秘主義其實並沒有什麼神秘，不過是在尋常事物之中見出不尋常的意義。這仍然是移情作用。從一草一木之中見出生氣和人情以至於極玄奧的泛神主義，深淺程度雖有不同，道理卻是一樣。」〔註18〕

5.3　張宗祥、劉咸炘等人尋求書法品評的普遍標準

　　民國時期書法批評理論顯得十分自覺，首先表現在對於書法批評自身的批評上面。古代的書法批評往往從個人經驗出發，形成比擬式的或者感悟式的語言，常常帶有濃厚的文學特色，這種書法批評方式有幾個主要特徵：強調明確的淵源承繼關係，倫理判斷常常會超越藝術判斷；強調派別推崇正宗，風格判斷又常常超越技術判斷。因此，幾乎所有書法批評家在品評過程中都會對書家進行歸根溯源，部分書法批評家就容易陷入以倫理判斷代替藝術判斷、以風格判斷代替技術判斷的泥潭。民國學者意識到這一類問題，開始追

〔註17〕朱光潛《藝術心理學》，復旦大學出版社，2009 年 4 月，第 51 頁。
〔註18〕朱光潛《談美》，中華書局，2012 年 8 月，第 21～22 頁。

問藝術審美的普遍原則和藝術批評的基本標準，不少學者都將「變化統一」四個字看做評判書法藝術的金科良律。例如劉咸炘在《弄翰餘瀋》中就提到藝術的普遍原則問題，反對書法批評中存在的以偏概全方式，他認為變化統一是藝術的原則，而勻稱美則是書法批評的普遍標準，稱「吾論書，務守普通之標準，不敢循好古尚奇之偏見。於筆，固不喜枯瘦，而亦不取漲滯；於勢，固不喜呆板，而亦不取散漫。蓋變化而統一，乃一切藝術之原則。書比於人骨肉，固以勻稱為美也。」〔註 19〕李叔同、豐子愷都持有此類觀點，李叔同提出藝術三原則即為統一、變化、整齊；豐子愷認為「協調的畫面，即達到了「多樣統一」的境地；白蕉《臨池剩墨》也反覆強調統一協調的重要性，覺得一字、一行、一篇各個部分都需要協調才會有氣勢，稱「起不孤，伏不寡。此伯喈妙語。運筆結構、分間布白，一字如此，一行如此，全章如此，不然即斷氣矣。為人孤獨不得，家人中有一孤獨者，即覺別調，失一和字。作字有一字孤獨，即不入調，有一不入調，即斷氣失勢也。」〔註20〕

5.3.1　明確反對以派別歸屬作為評價書法的標準

　　張宗祥提出「不當專就宗派異同為取捨」的觀點。張宗祥《書學源流論》附有賞鑒篇，針對長久以來書法批評所存在的問題和缺陷提出一系列看法，主要概括為四忌。「一忌成見。以己之所宗者為本，不合者皆廢去之，此狹陋之弊。宗顏則議褚，法米則誹蘇。聚訟紛紜，尤在碑帖及南北二宗，學碑者見帖而議其疏，學帖者見碑而病其拘，南宗陋北之板滯，北宗病南之放蕩，是真蠡測管窺，不可與語海深天高者已。夫覽古人之書，當詳究其利弊，不當專就宗派異同為取捨。若必合於己者為之善，則古人作書何以兼綜諸家而習之也？二忌附和。古人一生所作之書，未必工拙皆同；無名之人所作之書，未必一字無取。若必泥其名而求之，名家則所書皆工，常人則無筆可取。譬如儀之酒，日久變酸，飲之者知為儀所造，亦曰旨甚！有是理乎？此庸人也。三忌妄議。派別不明，源流不辨，見其字形類似之處，則從而斷定之以為學某家。古人不可作，將從何處聲其冤？此妄人也！四忌薄今。文士之習並世之人皆不注意，甚不注意，甚者誹謗橫生，求其不類古人之處以短之。其人

〔註19〕劉咸炘《弄翰餘瀋》，《歷代書法論文選續編》，上海書畫出版社 2004 年 12 月，第 921 頁。

〔註20〕白蕉《臨池剩墨》，《永安月刊》，1947 年第 100 期，第 28～29 頁。

已死，傳之既久，則漸知寶貴之。使非位尊名重之人，欲享當世盛名，其勢甚難，此蓋嫉妒之見也。夫必古之足貴，則古之書家皆當法古，一筆不敢變易，何以屢有變遷，而同者反少也？」〔註21〕其中「一忌成見」從字面意義看是說書法批評不能僅站在自己的角度依據自身的喜好來進行判斷定論，張宗祥提出有一些書法學習者自己學習碑派就詆毀帖學，自己學習米芾就看不上別人學蘇黃等等，毋庸置疑，這一類型的批評缺乏科學性客觀性，顯得十分狹隘。進一步，張宗祥提出「不當專就宗派異同為取捨」的觀點，意即書法批評最終不能以宗派樣式為評價標準，這一觀點具有開拓性，筆者認為其引申的含義是書法批評應該根據具備普遍意義的藝術評價標準。參照劉咸炘的書論，我們發現張宗祥的觀點與劉氏提出「可以普遍之價值定之」的觀點有暗合之處，那麼何為普遍之價值呢？前面張宗祥提到的「宗顏則議褚，法米則誹蘇」以及「見帖而議其疏，見碑而病其拘」暴露出來的問題是偏於一端各執一詞，顯然不具備普遍性。從張宗祥所提出問題進一步探究，我們可以推斷出普遍價值首先需要建立高屋建瓴的批評格局，包括具備概念性的批評原理（落實到書法領域則為文藝學原理）以及切實可行的批評方案（例如唐代張懷瓘提出的神妙能品等等），如此一來，無論是理論層面還是具體操作層面，無論是文化闡釋還是書寫技術鑒賞，就顯得較為理性客觀而不至於純粹出於感性，這樣一種立體的評價體系對於書法藝術批評自身的完整極為重要，而且對於任何時代都應當是不可或缺的，直到今天依然是值得我們探索追尋的目標。

我們還可以看到的是當時的藝術史家講得更為直接，例如李樸園就明確提出「不能把派別看成藝術的鐵則」的觀點。「在各種藝術，尤其在造形藝術上，人們常犯的毛病是：不管自己的修養是否達到可以做批評家的程度，任意地亂評一下，而且做得很像一個批評家的樣子；任意選擇一種藝術為根據，強要把別種藝術放進那種工具當中去；把派別看成藝術的鐵則，以為非某一派或某一家相類的藝術，就是邪魔外道，非痛罵一頓不可；很輕率地觀察著對手物，以某種非常概念地的公式，強律那作品，從而下一個判斷！」〔註22〕李樸園緊接著還提出了造形藝術評判之方法，人為批評家首先需要分出三種批評態度：第一，對於技巧還需磨練的人，批評家要在技巧的傾向上找出其

〔註21〕張宗祥《書學源流論》，《歷代書法論文選續編》，上海書畫出版社2004年12月，第903頁。
〔註22〕李樸園《造形藝術之批評》，《社會月報》1934年第2期，第19頁。

優缺點並指出前進的路徑；第二對於那些應用西洋技巧表現意象的人，一面要在技巧上指出其優劣一面在形式和內容（意識）上指出其是否合符時代的需要；第三對於那些運用中國固有方法的人，一面要指出其是否採取古人所長，一面要指出其是否能發展自己的性格，一面還要用時代的需要給予公平的判決。李樸園之所以認為「不能把派別看成藝術的鐵則」是因為自他看來，各個時代需要不同的藝術形式和內容（意識），古代有古代的藝術形式，現代也現代的形式，古代的形式雖好，但未必適合現代的需要，「如果專在追蹤某一家或某一派的技巧上，亦即專在模仿他人既有的形式意識上做工夫，那就等於把他者已有活人自僑於已死的死人之列，我們這個時代是不需要他的。」〔註 23〕另外，其他書家也曾發表過類似的觀點，白蕉對包世臣和康有為的批評方式表示質疑，稱「包康論書，喜言某出自某之源流論，孳源法乳，言之似鑿鑿有據，實則疏於史學，多荒謬可哂。自後論書者每好以己見作源流宗派論，亦是風會使然。」〔註 24〕在這裡，白蕉提到包世臣、康有為涉及書法批評的時候也往往說某某的書法是出自某家某派，而且看起來有確鑿的證據，但是實際上缺乏嚴謹的歷史考察，甚至給後來論書者帶來不良影響。

　　張宗祥、李樸園、白蕉所說的派別論意思是指以某一家某一派為書法評價標準。那麼我們來看看書法批評史上的「派別論」究竟是怎樣的情形？

　　首先，書法品評派別論的根源應當可以追溯到魏晉南北朝的書法品藻，因為書法的藝術性從東漢開始變得十分自覺，書法史發展至鍾繇、張芝、二王的時候開始出現一批真正意義上的明星，他們在書法風格上的涇渭分明預示著派別的形成指日可待。後來的學書者大多以模仿這些名家為入門途徑來鑽研書法，或模仿一家或轉益多師，他們學習模仿不同派別同時又加入各個派別之中或者形成了新的派別。與此同時，書法批評家們也開始對這些名家進行整理研究、劃分等級，對這些名家的優劣長短提出各自的觀點，很大程度促進了各個書法派別的發展。大體上來說，唐代的書法批評家以二王為中心進行闡述，宋代則更多是以顏真卿為中心，元明又回到王羲之，清代前期則多圍繞趙孟頫和董其昌，清中後期碑派佔據主導。

　　其次，整體來看，歷史上書法批評家雖然都會提及書法的派別，但大多數批評家都會有較為深刻的審美品格，而不是簡單的唯派別論。例如南朝王

〔註23〕李樸園《造形藝術之批評》，《社會月報》1934 年第 2 期，第 20 頁。
〔註24〕白蕉《臨池剩墨》，《永安月刊》，1947 年第 100 期，第 28～29 頁。

僧虔《論書》、庾肩吾《書品》，唐朝孫過庭《書譜》、張懷瓘《書斷》，他們基本上以二王為中心來對歷史上的書法名家的風格做出評判或者劃分等級並論述他們的書學觀點，但是他們並非簡單根據是否與二王的風格接近來評判其他書家，他們的文章中都包含有各自的判斷標準和審美主張，王僧虔和庾肩吾都強調天然和工夫的統一，孫過庭講求形和情、骨氣和遒潤的協調，張懷瓘看重神采和意象。例如宋代歐陽修，他承認二王書藝精絕但否認其為不變法則，他說「文字之學，傳自三代以來，其體隨時變易，轉相祖習，遂以名家，亦烏有定法邪！至魏晉以後，漸分真草，而羲、獻父子為一時所尚，後世言書者，非此二人皆不為法。其藝誠為精絕，然謂必為法，則初何所據？所謂天下孰知夫正法哉！」〔註25〕總的來說，這些批評家都是根據自身的審美傾向和哲學追求來構架一套書法藝術的品評方式，而絕不是以某一家某一派為不變標準。明代曾棨有一段話與張宗祥所說如出一轍，他首先針砭時弊稱「近時學者徒見其已然之跡，臨鍾、王者曰：我師晉；臨歐、虞者曰：我師唐。非惟學者偃然當之，見之者亦從而曰：彼誠晉也，誠唐也。噫！是徒彷彿其體制之似，而不求其規矩繩墨，良可歎哉！」〔註26〕緊接著指出書法的根本不在於模仿某家某派，更重要的是在各家各派之上的總的規矩繩墨，他說「作書須結體平正，下筆有源，然後伸之以變化，鼓之以奇崛，則任心隨意，皆合規矩矣。」〔註27〕

當然，也有部分批評家提倡以某家某派為旨歸。例如明代，不少的書法批評家認為王羲之書法盡善盡美，祝允明《書述》開篇便稱「書理極乎張、王、鍾、索，後人則而象之，小異膚澤，無復改變，知其至也。」〔註28〕何良俊對文徵明書法的一段評價足以說明他以王羲之為標準的傾向，他說「至衡山出，其隸書專宗梁鵠，小楷師《黃庭經》，為余書《語林序》全學《聖教序》，又有其《蘭亭圖》上書《蘭亭序》，又咄咄逼右軍，乃知自趙集賢後，集書家之大成

〔註25〕歐陽修著，鄧寶劍、王怡琳注釋《集古錄跋尾 唐美原夫子廟碑》，人民美術出版社，2010 年 6 月，第 149 頁。
〔註26〕曾棨《西野集》，《歷代書法論文選續編》，上海書畫出版社 2004 年 12 月，第 415 頁。
〔註27〕曾棨《西野集》，《歷代書法論文選續編》，上海書畫出版社 2004 年 12 月，第 415 頁。
〔註28〕祝允明《書述》，崔爾平編《明清書論集》，上海辭書出版社，2011 年 8 月，第 55 頁。

者衡山也。」〔註29〕項穆則直接將王羲之書法奉為書中孔子，從而一統天下，稱「故書之為功，同流天地，翼衛教經者也。夫投壺射失，猶標觀德之名；作聖述明，本列入仙之品。宰我稱仲尼賢於堯舜，餘則謂逸少兼乎鍾張，大統斯垂，萬世不易。」〔註30〕綜上所述我們可以看出，書法批評史上派別論出現較早，最遲也當在南北朝時期，主要派別包括鍾張、二王、顏柳歐虞諸家；而唯派別論出現較晚，在明代時期相對多見；整體來看持唯派別論觀點的人數較少，他們大多推崇王羲之並以王羲之書法作為衡量標準。民國學者張宗祥、李樸園等人所反對的正是以接近某一家為品評標準的唯派別論，他們力求從書法的各門各派中抽繹出來一種客觀的審美品格，以便用作鑒賞書法的理論依據。

5.3.2　反對以時代先後論書

　　民國書法批評家反對以時代先後來品評書法的優劣。

　　上文提到的張宗祥《書學源流論》賞鑒篇認為書法批評有四忌，其中第四忌為薄今，稱「文士之習並世之人皆不注意，甚不注意，甚者誹謗橫生，求其不類古人之處以短之。其人已死，傳之既久，則漸知寶貴之。使非位尊名重之人，欲享當世盛名，其勢甚難，此蓋嫉妒之見也。夫必古之足貴，則古之書家皆當法古，一筆不敢變易，何以屢有變遷，而同者反少也？」〔註31〕他的觀點十分明確，一是對「求其不類古人之處以短之」的方式給予否定，二是指出這種方式對有能力的但身份普通的人群不公平，三是擺出歷史不斷變遷的客觀事實。實際上張宗祥在「時異篇」中就明確提出「不能執時代以斷其優劣也」的觀點，而應當根據作品的質量的好壞來評論高下，稱「世之論者但當分別其工拙而已，不能執時代以斷其優劣也。若以為唐書出晉不與晉同，即云唐劣；宋書出唐不與唐同，即云宋劣，豈通論哉！……是以論書者但當心知其源，若因時代之先後而有異同，此不足以定書家工拙之評也。」〔註32〕張宗祥詳細列出漢、晉至明清書法風格的變遷並對每一個時代的優劣

〔註29〕何良俊《四友齋書論》，崔爾平編《明清書論集》，上海辭書出版社，2011 年 8 月，第 135 頁。

〔註30〕項穆《書法雅言》，《歷代書法論文選》，上海書畫出版社，1979 年 10 月，第 512 頁。

〔註31〕張宗祥《書學源流論》，《歷代書法論文選續編》，上海書畫出版社，2004 年 12 月，第 903 頁。

〔註32〕張宗祥《書學源流論》，《歷代書法論文選續編》，上海書畫出版社，2004 月 12 月，第 889 頁。

得失進行分析，最後得出結論認為後人不同於前人並不等同於不善於學習前人，理由有三：第一點認為對於書法藝術，仁者見仁智者見智；第二點認為書法家不是機械模仿而是自覺加入自己理解；第三點非常具有哲學特色，他說所謂時代性集即各個時代有不同的風尚習慣，晉人有晉人的風尚，唐、宋自由唐、宋的風尚，這是文化藝術嬗變的歷史規律，不能強求以別的時代特色為準則。

　　劉咸炘習慣將文論與書論進行比較，認為漢賦、唐詩、宋詞、元曲各具時代特色所以難分高下，就算在詩歌上也不能簡單說六朝詩勝唐、唐詩勝宋。他稱「凡文字一代自有一代之風氣，舉全風氣而論高下，則此代有不如彼代者。而一風氣中亦自有高下，高風氣中之下者，或不如下風氣中之高者。此風氣與彼風氣之高下，未易確定。若各風氣中之高者，則可以普遍之價值定之，此論藝術者之所同也。漢賦、唐詩、宋詞、元曲，固無由比較高下。即同一詩也，必謂六朝詩勝唐、唐詩勝宋，亦已非通確之論。即使通確，六朝亦自有惡詩，舉六朝惡詩以加諸唐佳作之上，豈為通耶？論詩文者多蔽於是，論書亦然。」〔註33〕最後得出「藝術論美醜，不論古近」的結論。〔註34〕

　　自古以來，文藝創作和批評就存在崇古和復古思想。究其原因不外乎兩點，其一是由於文藝創作和批評所具備的經驗性特點，古人世世代代從實踐當中總結出來大量經驗再經過提煉加工通過傳承推廣，逐漸成為文化經典和傳統，讓後來者頂禮膜拜並以之為行動準則或追逐的目標。這中間一方面存在先入為主的心理因素，另外由於時代久遠造成一定的審美距離，也變得更具神秘特色。其二，古代文藝批評往往與傳統倫理道德規範聯繫緊密，而倫理規範層面講究的尊老崇古思想很容易滲透到文藝批評當中來，因此人們往往認為古代的或者古老的東西比現在的或者新鮮的要好，我們從南朝袁昂《古今書評》就能感受到其中一二，他稱「王右軍書如謝家子弟，縱復不端正者，爽爽有一種風氣。王子敬書如河、洛間少年，雖皆充悅，而舉體沓拖，殊不可耐。羊欣書如大家婢為夫人，雖處其位，而舉止羞澀，終不似真。」〔註35〕

〔註33〕劉咸炘《弄翰餘瀋》，《歷代書法論文選續編》，上海書畫出版社 2004 年 12 月，第 909 頁。

〔註34〕劉咸炘《弄翰餘瀋》，《歷代書法論文選續編》，上海書畫出版社 2004 年 12 月，第 909 頁。

〔註35〕袁昂《古今書評》，《歷代書法論文選》，上海書畫出版社 1979 年 10 月，第 73 頁。

顯然在袁昂眼中王氏家族的書法成就一代不如一代。初唐時期孫過庭《書譜》就提到當時一些評論書法的人認為「今不逮古，古質而今妍」以及「子敬之不及逸少，猶逸少之不及鍾張」。後主李煜更是認為後來的書法名家僅僅是得到王羲之書法的一鱗一爪，稱虞世南得其美韻而失其俊邁，歐陽詢得其力而失其溫秀，褚遂良得其意而失其變化，薛稷得其清而失於窘拘，顏真卿得其筋而失於粗魯，柳公權得其骨而失於生獷，徐浩得其肉而失於俗，李邕得其氣而失於體格，張旭得其法而失於狂，王獻之俱得而失於驚急無蘊藉態度。

　　崇古思想肯定古代經典的權威性，繼承前人的優秀成果，有利於保證書法藝術發展的延續性和完整性。但是盲目以古為徒就意味著壓抑個性和創新，缺乏向未知領域探索和突破的精神，缺乏新鮮的充滿活力的內容加入，這樣又不利於書法藝術的新陳代謝。古代書論也常常會對繼承和創新的問題予以討論，初唐孫過庭就不同意「今不逮古」的觀點，他用辯證的態度從書法史的角度看待書法風格的變遷，稱「夫質以代興，妍因俗易。雖書契之作，適以記言；而淳醨一遷，質文三變，馳鶩沿革，物理常然。」他提倡融合古今，認為「貴能古不乖時，今不同弊，所謂文質彬彬然後君子。」〔註36〕宋代蘇軾也有一句名言：吾書雖不甚佳，然自出新意，不踐古人，是一快也。他評價顏真卿書法「雄秀獨出，一變古法，如杜子美詩，格力天縱，奄有漢魏晉唐以來風流。」〔註37〕從蘇軾對自己和顏真卿書法的評價可以看出他的批評觀是不以古今為出發點的。民國時期劉咸炘針對書法批評中過分崇古的現象進行剖析，認為有兩種情況值得反思，一是過於推贊，由於古物流傳較少，評論者偶然見到難免感到驚詫，例如評價漢碑就會說樸茂雄深，實則當時風氣本來就樸實無華加之剝落斑斕自然有深厚質感；二是牽強附會，例如《谷朗》《寶子》本身庸拙不堪，可能出於小兒偶作，卻被評為奇古，純粹是論書者有詫古之迷。〔註38〕以上的論述表明，歷史上的書家一直都在圍繞繼承和創新二者的關係進行思考和討論，繼承就表示對古代經典作品優越性的肯定，換句話說，繼承就意味著首先承認和遵循約定俗成的規則；創新則需要突破以往

〔註36〕孫過庭《書譜》，《歷代書法論文選》，上海書畫出版社 1979 年 10 月，第 124 頁。

〔註37〕蘇軾《評書》，《歷代書法論文選續編》，上海書畫出版社，1988 年 12 月，第 55 頁。

〔註38〕劉咸炘《弄翰餘瀋》，《歷代書法論文選續編》，上海書畫出版社，1988 年 12 月，第 909 頁。

的規則，以便形成新的樣式和觀念。而與此同時，書法批評家權衡著究竟是以藝術家所在時代的先後為判斷依據還是以藝術作品的優劣為指導思想，很多時候，人們往往難以把握得十分明晰甚至有的人還將二者混為一談，認為古老的作品一定勝過新興的或者認為前代書家務必高於當下。民國新興學者則開始試圖將二者區分開來，站在純粹藝術的角度評判書法，例如張之屏、張宗祥、劉咸炘，他們認為書法藝術不能以時代先後論而應當以美醜工拙論。因為藝術的創作每個時代有每個時代的風氣，不同時代之間有高下之分，各個時代之中也有高下之分，經典的書家及其作品值得後人尊重，但是江山代有才人出，而且青出於藍而勝於藍的情景也在不斷出現，所以對以藝術批評來說，簡單地以時代先後來判定作品的高下優劣就顯得過於籠統和草率，這樣的觀點和思考方式對我們當今的書法批評仍然具有借鑒意義。

　　客觀地講，民國書法批評家表對以往評價方式的利弊進行了理論分析，但是僅僅提出「變化統一」這樣的基本原則，其操作可行性還難說超過以經典作品為準的方式，但這種敢於突破傳統的做法精神可嘉，也為以後的書法批評家做好了重要的鋪墊作用。

5.4　民國時期書法批評家的審美傾向

　　從審美品格的傾向上來看，民國的藝術批評與清代晚期無疑是一脈相承，清代藝術批評整體講究樸、實的同時又呈現出個性獨立的時代特色（凌繼堯《中國藝術批評史》第五編「近代藝術批評思想」第二十二章「清代藝術批評思想誕生的背景：守成與變革」）變革的文化背景對藝術批評的影響，主要提到兩個方面：藝術本體上，由宋明時期的「理」本體論向清代的「氣」本體論轉變，崇實黜虛，例如鄭板橋的「一塊元氣團結成畫」構成氣化實在論。此外，清代經世致用學術思潮對藝術批評的影響體現在強調藝術不能沉迷於古代的成就，而高標自我的獨立意識。個性解放的倫理思想使得清代重視個性的「性情」，反映了市民意識。例如石濤的「我之為我，自有我在」，鄭板橋的「無古無今」、「維新特立」。此外，個性解放的倫理思想對藝術批評的影響體現在以下幾個方面：一是離經叛道，例如王夫之、鄭板橋、袁枚、石濤；二是反向審美，從傳統的尚雅正到以醜為美可以說是質的改變，三是藝術變形，例如八大山人。

董其昌行書作品

5.4.1　從對趙之謙和董其昌的評價能夠看出民國學者重「厚」輕「媚」

　　「厚」的審美意趣，通常表現為凝練樸厚、穩重遒勁，自古以來就受到批評家們的青睞，無論是儒家所講的「溫柔敦厚」還是《周易》所講的「厚德載物」都在很大程度上決定了「厚」成為中國人偏好的審美趣味。而「媚」的含義以及認可度在批評史上則存在明顯的變遷，書法批評的早期尤其是南北朝時期，「媚」受到重視，例如羊欣評價王獻之「骨勢不及父，而媚趣過之。」陶弘景《論書啟》稱「前奉神筆三紙，並今為五。非但字字注目，乃畫畫抽心。日覺勁媚，轉不可說。以儷昔歲，不復相類，正此即為楷式，何復多尋鍾王？」〔註39〕我們從《說文解字》就能夠看出媚字是指令人愉悅的意思（《說文解字》：「媚，說也。」）。但隨著歷史發展以及審美趣味也隨之不斷改變，明末清初傅山著名的「四寧四毋」就包括「寧醜毋媚」，「媚」被引申為媚俗沒有骨氣，受到人們的鄙視，地位可謂一落千丈。民國學者延續了明清以來對這一方面的批評觀念，不約而同對「側媚」「軟媚」進行批判。

〔註39〕陶弘景《與梁武帝論書啟》，見張彥遠《法書要錄》卷二，人民美術出版社 1964年，第 45 頁。

　　首先看對趙之謙的評價，總體來說沙孟海、張宗祥等肯定了趙之謙獨出新意的貢獻，但同時也批評其浮漂軟弱的缺點。

　　沙孟海《近三百年的書學》在評價清代以來的篆書時，批評趙之謙、吳讓之，認為他們的書法風格漂浮靡弱、婀娜多姿，對吳昌碩則大加稱讚。「經過他們（指趙之謙、吳熙載等人）一度移寫，就把鄧石如的本質根本變換過。鄧篆是凝練樸厚的，他們變作浮漂靡弱的狀態——尤其是趙之謙，仗著他的小聰明，演出一種婀娜的姿勢來。」〔註40〕稱「吳先生專寫石鼓，他的用筆也用鄧法，凝練遒勁，可以極美。趙之謙作篆，不主故常，隨時有種新意出來；吳先生作篆，也不主故常，也隨時有新意出來。可是趙之謙的新意，專以側媚取勢，所以無當大雅；吳先生極力避免這種「捧心齲齒」的狀態，把三代鍾鼎陶器文字的體勢糅雜其間，所以比趙之謙高明多了。」〔註41〕

趙之謙行書作品

〔註40〕沙孟海《近三百年來的書學》，鄭一增編《民國書論精選》，西泠印社出版社
　　　　2011年3月，第64頁。
〔註41〕沙孟海《近三百年來的書學》，鄭一增編《民國書論精選》，西泠印社出版社
　　　　2011年3月，第64頁。

張宗祥也對趙之謙書法有「軟弱之病」感到十分惋惜，稱「撝叔得力於造像而能明辨刀筆，不受其欺；且能解散北碑用之行書，天分之高，蓋無其匹。獨惜一生用柔毫，時有軟弱之病。」〔註42〕

接下來看對董其昌的評價，應該說梁啟超、張宗祥等人對董其昌書法本身並無太大非議，只是對世俗學習董書以致輕浮軟弱表示不滿。

梁啟超《書法指導》稱學書者入手要謹慎，最不應該模仿的就包括趙子昂、董其昌一派，稱「這一派清初很為流行，並不是不好，只是不容易學。若從這派入手，筆力軟弱，其病在嫵媚圓滑，無丈夫氣。」〔註43〕沙孟海也認為董其昌書法是由於得到康熙是喜愛才盛行於世的，他同意梁巘對董書的評價，「晚年臨唐碑大佳，然大碑版筆力怯弱。」

張宗祥和黃賓虹都認為書法界輕浮軟媚的風氣是源自康熙、乾隆時期重帖輕碑思想興起使得董其昌書法風靡全國。張宗祥說「康熙、乾隆之時，人主亦皆重帖而輕碑，於是董氏之書遍乎全國。其弊也輕浮軟媚日趨於俗，名家知其失真，思所以救之。張照則以狂縱救輕浮，劉墉則以肥重救凋疏，王文治則以銳利救軟媚，此三家者皆出於董而各變其法。」〔註44〕黃賓虹也持同樣說法，稱「降清乾嘉，董書盛行，漸入柔弱浮滑。」〔註45〕

5.4.2　對「巧」和「拙」的認識各執一詞

早在先秦時期，中國哲人就對拙和巧的關係展開論述，《老子道德經》第四十五章「大直若屈，大巧若拙，大辯若訥。」〔註46〕老莊講究自然無為，「大巧」因自然以成器，不造為異端，所以就如同拙一樣。在藝術批評當中，拙與巧也是一組很重要的概念，最為著名的當然要數明末清初傅山「寧拙毋巧」的觀點，在傅山看來，「巧」是他所排斥的審美品格。曾熙稱「余評寐叟書，工處在拙，妙處在生，勝人處在不穩。」，另外，鄭孝胥、李瑞卿也常提

〔註42〕張宗祥《書學源流論》，《歷代書法論文選續編》，上海書畫出版社2004年12月，第888頁。

〔註43〕梁啟超《書法指導》，鄭一增編《民國書論精選》，西泠印社出版社2011年3月，第23頁。

〔註44〕張宗祥《書學源流論》，《歷代書法論文選續編》，上海書畫出版社2004年12月，第887頁。

〔註45〕黃賓虹《書史兩則》，鄭一增編《民國書論精選》，西泠印社出版社，2011年3月，第36頁。

〔註46〕樓宇烈《老子道德經注校釋》，中華書局，2008年12月。

到「拙」。民國時期書法批評家們則在這一問題上堅持己見並有所發展，下面以白蕉、于右任、張宗祥為例簡單論述。

白蕉推崇拙，認為拙則厚，而巧則跟薄聯繫在一起。稱「工部詩能重、能拙、能大，學者能重、能大矣，而不能拙，拙實不易至。元常書工妙之至，至於如不能。逮右軍，便不見此面目矣。惟拙則厚，巧斯薄矣。」〔註47〕書法審美當中與「拙」接近的還有「生」，沈曾植覺得書法作品要能生才能避免俗氣，他與何之碩論書法時就說「書唯求生，庶幾免俗。然書法做到一生字，談何容易。越中書家有徐生翁者，取名之義，殆亦以此。第我觀其書，正坐不生，論者少之也。」〔註48〕

與白蕉有所不同，張宗祥《書學源流論》時異篇對於巧與拙的關係提出十分獨到的見解，首先他也同意過於巧就容易薄的觀點，稱「趙氏（趙孟頫）一生集王書之大成，意在去拙存巧，巧多拙少故薄也。」但張宗祥並沒有因此而否定「巧」，反而從書法的藝術本質出發提倡「工」和「巧」，書法藝術屬於人造美，人造美必須通過人力才能實現，「工」和「巧」正是人力追求的極致，為什麼要對其進行否定呢？他認為趙孟頫的書法稱得上是「人工之巧登峰造極」，其他人是因為達不到趙孟頫那樣的巧妙才轉向樸、拙的審美趣味。可以說張宗祥的觀點是基於非常純粹的形式美學方式看待書法風格的變遷，在書法批評史上極其少見。

劉咸炘與張宗祥對巧的看法十分接近，他對褚遂良書法稱讚有加，評為「及其精能」，稱「褚碑以《孟法師》為最妙，其《孟法師》一類，則王知敬《衛景武公碑》，敬客《磚塔銘》可為鼎足。是皆兼方圓，備鋪裏；無筆不絜，無勢不巧；於勻整之中，具動宕之變，真可謂極其精能。」〔註49〕此外，劉咸炘和于右任則對拙與巧之間的轉換有不同尋常的理解，劉咸炘稱讚伊秉綬以拙為巧直逼西漢，稱「伊汀州亦出翁門，筆力橫絕，以拙為巧，乃逼西漢，完白不能過也。」〔註50〕我們欣賞伊秉綬的隸書的確會有此感受，乍看安安靜靜、不加雕琢，形態上極為樸實歸於平淡，但仔細品味起來卻令人驚歎於它的渾然天成、

〔註47〕白蕉《臨池剩墨》，《永安月刊》，1947 年第 100 期，第 28～29 頁。

〔註48〕鄭逸梅《藝林散葉續編》，中華書局，2005 年 1 月，第 15 頁。

〔註49〕劉咸炘《弄翰餘瀋》，《歷代書法論文選續編》，上海書畫出版社 2004 年 12 月，第 925 頁。

〔註50〕劉咸炘《弄翰餘瀋》，《歷代書法論文選續編》，上海書畫出版社 2004 年 12 月，第 916 頁。

恰到好處。于右任中認為二王的書法包含巧與拙，越是拙的地方越是有意味，原因在於用筆靈活便會姿態橫生，其《書論七則》稱「二王之書，未必皆巧，而各有奇趣，甚者愈拙愈妍，以其筆筆皆活，隨意可生姿態也。」〔註 51〕

鄭板橋行書作品

5.4.3　棄偏頗，貴兼勝——以對鄭板橋和金農二人的接受為例

　　民國學者針對非主流書法風格的品評值得注意，例如不少理論家不約而同對金農、鄭板橋的書法展開評價，儘管他們的觀點存在異同，但這些觀點能夠集中反映民國學者對非主流書法家的認識和理解，從而反映他們對書法的新的認識和理解。而我們回顧一下清代以來人們對金農、鄭板橋書法的基本看法（馬宗霍《書林藻鑒》十分詳細綜述了清代以來學者對此二人的評價），發現有這樣一條線索，在康有為之前的清代書法批評家對二人基本上持肯定態度，稱讚二人書法有古意和奇趣，能夠獨闢蹊徑。直到康有為橫空出世提出對鄭燮、金農的質疑，另有曾熙、楊守敬等人的加入，鄭、金二人開始受到前所未有的批判。而民國時期書法批評家如張宗祥、劉咸炘等對鄭、金二人的評論顯得更為客觀和辯證，既沒有熱烈追捧也沒有全盤否定，在肯定二人能夠自闢蹊徑的同時也看到他們與普遍審美趣味的差異性。本文將以表格的方式體現清代對鄭、金二人的評價情況（見表三）

〔註 51〕于右任《書論七則》，鄭一增編《民國書論精選》，西泠印社出版社，2011 年 3 月，第 142 頁。

金農隸書作品

　　康有為一改清人對鄭板橋和金農的褒獎，他毫不客氣批評二人最大的問題是追求變化但是不知如何變化，結果弄巧成拙變得「怪」。稱「乾隆之世，已厭舊學。冬心、板橋，參用隸筆，然失則怪，此欲變而不知變者。」〔註52〕曾熙、楊守敬說得也很直接，曾熙「評金冬心、鄭板橋曰：不可無一，不可有二。」〔註53〕楊守敬則警告打算直接師法二人的後學者可能墜入魔道，說「若鄭板橋之行楷，金壽門之分隸，皆不受前人束縛，自闢蹊徑。然以之師法後學，則魔道也。」〔註54〕

〔註52〕康有為《廣藝舟雙楫》，崔爾平編《明清書論集》，上海辭書出版社，2011年8月，第1313頁。

〔註53〕曾熙《遊天戲海室雅言》，崔爾平編《明清書論集》，上海辭書出版社，2011年8月，第1459頁。

〔註54〕楊守敬《學書邇言》（1912年成書），崔爾平編《明清書論集》，上海辭書出版社，2011年8月，第1268頁。

表三　康有為之前的清代批評家對鄭、金二人的評價情況

對鄭板橋的評價	對金農的評價
李元度《先正事略》（1866 年成書）：變書法以隸楷行三體像參，古秀獨絕。	《先正事略》：分隸獨絕一時
阮元《廣陵詩事》：少為楷法極工，自謂世人好奇，因以正書雜篆隸，又間以畫法，故波磔之中，往往有石文蘭葉。	《墨林今話》：書工八分，小變漢法，後又師國山及天發神讖兩碑，截豪端作擘窠大字甚奇。
《畫舫錄》：以八分書與楷書相雜，自成一派，今山東濰縣人多效其體。	《江湜題跋》：先生書淳古方整，從漢分隸得來，溢而為行草，如老樹著花，姿媚橫生。
《國朝詩鈔小傳》：變雅善書法，真行俱帶篆籀意。如雪柏風松挺然而秀出於風塵之表，詩內所云時時作字古與媚偕者是已。	《尺牘小傳》：書得古趣，在隸楷之間。
《松軒隨筆》：板橋有三絕，曰畫曰詩曰書，三絕之中有三真曰真氣曰真意曰真趣。	《桐陰論畫》：漢隸蒼古奇逸，魄力沉雄；
《尺牘小傳》：書有別趣。《畫徵續錄》：書有別致。	《藝舟雙楫》：分書逸品上。
《墨林今話》：板橋書隸楷參半，自稱六分半書，極瘦硬之致，亦間以畫法行之。	
秦祖永《桐陰論畫》：極有書名，狂草古籀，一字一筆，兼眾妙之長。	
《蔣心餘詩》：板橋作字如寫蘭，波磔奇古形翩翩，板橋寫蘭如作字，秀葉疏花見資致。又云：未識頑仙鄭板橋，其人非佛亦非妖。晚摹瘞鶴兼山谷，別闢臨池路一條。	
何紹基（1799～1873）：板橋字仿山谷，間以蘭竹意致，尤為別趣。	

　　可以說，自康有為《廣藝舟雙楫》拋出對鄭、金二人的批判觀點以後，晚清民國書法批評家對二人的看法大致分成兩種態度。

　　一種態度是以否定為主，張宗祥、王潛剛為代表人物。對於金農的書法，他們認為雖然怪異但至少有跡可循，張宗祥稱「冬心之書雖獨創，然其來源猶有可尋，蓋合隸及魏變化而成者也。」〔註 55〕王潛剛承認金農取法漢碑別有意趣，但不足為法，稱「金冬心分隸用功於《國山碑》、《天發神讖碑》兩

〔註 55〕張宗祥《書學源流論》，崔爾平編《明清書論集》，上海辭書出版社，2011 年8 月，第 1659 頁。

碑，極力求變。又嘗見其臨《華山碑》全本，別有意趣，但自謂截毫端作擘窠大字，究不足為法。其真書只可作題畫用，位置於老樹怪石之間，落落數行，足增畫意。世有好者，謂其摹漆書。予生也晚，未見漆書，不敢附和，或當賞識於牝牡驪黃之外耳。」〔註56〕對於鄭板橋，張、王二人都批評其書法不倫不類，難登大雅之堂。在張宗祥眼裏，鄭板橋純屬投機取巧，他稱「至若板橋疏密相間，大小相反，傾側相倚，直以畫蘭寫竹之法施治之於書，文人弄狡獪，足備一格而已，就不能登大雅之堂也。」〔註57〕王潛剛也對所謂的「六分半書」不感興趣，認為那僅僅是依靠不同書體的東拼西湊，有如低級層次的兒童字體，稱「鄭板橋中年學蘇黃，頗有功力。予收其書十九言，楹帖一聯，字大五寸，即專用蘇黃書法者。筆健墨豐，卓然可觀。其尋常自稱為六分半書者，以隸楷行三體相兼，只可作為遊戲筆墨耳，不足言書法也。板橋天分甚高，願亦甚大，頗欲集古今書法大成而不知分期。課程須在多寫，僅憑一時之小慧妄欲造成一特創之字形。於是一筆篆一筆隸一筆真一筆草，甚至取法帖中鍾、王、顏、柳、歐、虞、褚、薛東取一筆西取一畫，又加之一筆竹葉一筆蘭花，自以為極天地造化之奇，而成一不倫不類、不今不古之兒戲字體。」〔註58〕

〔註56〕王潛剛《清人書評》，崔爾平編《明清書論集》，上海辭書出版社，2011年8月，第1619頁。

〔註57〕張宗祥《書學源流論》，崔爾平編《明清書論集》，上海辭書出版社，2011年8月，第1659頁。

〔註58〕王潛剛《清人書評》，《歷代書法論文選續編》，上海書畫出版社 2004 年 12月，第818頁。

另一種則重新持肯定態度，以向燊、沙孟海為代表。向燊稱讚二人以碑破帖，能夠別具一格，十分難得，他說「板橋始學鶴銘山谷後以分書入行楷，縱橫馳騁別成一格，與金冬心異曲同工，在帖學盛行時代能獨闢蹊徑，可謂豪傑之士矣。（金農）書法天發神讖，楷隸古茂淵懿，冠絕一時。」〔註59〕馬宗霍《霋岳樓筆談》稱「板橋以分法入山谷體，故搖波駐節，非常音所能緯翟賜履。冬心以拙為妍，以重為巧，似有得於天發神讖，然彼固不見妍巧也，以此知學古之難。」沙孟海說的最為詳細，也最為客觀，一是稱讚而佩服其創造精神，二是強調鄭板橋書畫中含有逸氣，稱「近代書家中，最特別的，要數金農了。他的用筆又方又扁，叫做「漆書」，誰都指不出他的師承來（或說他真書學鄭長猷造像，倒很相近）。康有為說：「乾隆之世，已厭舊學，冬心、板橋（鄭燮）。參用隸筆，然失則怪，此欲變而不知變者。」這話固然不錯，但一來有時代的關係，二來他的氣味好，畢竟不能一筆抹煞他。平心地說來，一方面我們該要憫惜他那「不知變」和「失則怪」的苦衷，又一方面還該讚佩他那副創造精神才好。他的隸書，橫畫很相闊，一豎都很細小，字的全形很長，處處和別人家不同。他的畫也很奇別，向來寫梅花的，總傾向於疏朗高淡一路，他偏要寫「密萼繁枝」。總之：他是富於獨創精神的，學問也好些，無論字或畫，都有一種不可掩的逸氣在裏面。」〔註60〕

從以上對鄭板橋、金農不同的評價，我們能夠看出當時書法批評家的複雜心理。跟其他傳統文藝門類一樣，書法經過歷史的沉澱和選擇形成較為固定的創作模式和審美傾向，尤其是在內憂外患民族意識高漲的民國時期，主流的經典的審美品格像吸盤一樣緊緊牽引國人的神經，而之前提到的厚重、勻稱、協調正是書法歷史長河之中的主流品格，民國時期不少批評家也明確表達過這樣的觀點，例如錢振煌評價書法倡導大路、正路，也就是所謂的正宗，他稱「奇形怪狀，一切皆是野狐禪。夫道若大路然，書猶是也。所見書家，方其初學，彌為近理；及其成家，必入醜怪。此皆天資有限，才力有所不足，不能窮極正路，而後入於荊棘。一入歧途，永無出路，故曰中庸不可能也。不偏之謂中，不易之謂庸。」〔註61〕張宗祥也強調厚重而具有規範才稱

〔註59〕見朱天曙《論清代康乾時期的師碑破帖風氣》，中國書法文化網。

〔註60〕沙孟海《近三百年的書學》，鄭一增《民國書論精選》，西泠印社出版社，2011年3月，第66頁。

〔註61〕錢振鍠《名山書論》，《歷代書法論文選續編》，上海書畫出版社 2004 年 12 月，第864頁。

得上正宗，他說「古人作篆，其筆墨皆不同。近人作篆，如錢十蘭其筆疑皆剪過。獨石如鋒毫盡露，其筆墨與常無異，結構法漢碑額而用筆不類。其後吳讓之學之，究非篆之正宗，晚近大家其吳大澂乎！力渾氣厚而不失規範，真正宗也。」〔註62〕平心而論，金農、鄭板橋藝術特點鮮明自成一家，但跟通常意義上主流風格差異太大，作為一種獨特樣式無疑具有個體存在的價值，但確實很難達成普遍審美共識。

但另一方面，鄭板橋、金農不受傳統束縛勇於革新的精神又引起不少批評家的重視，得到向燊、馬宗霍、沙孟海等人的肯定。毫無疑問，鄭板橋以畫法破書法、金農以碑破帖對於書法創作的突破具有重要的方法論意義，尤其對那些思維開放、敢於挑戰常規的藝術家來說，鄭、金二人無論在實踐層面還是精神層面都具備難以估量的價值。實際上，書法風格對於創作家和批評家裏說意義不盡相同，對與創作家來說追求書法風格獨特性是他們的始終不渝的目標，但作為批評家來說則應該站在一種公正客觀的立場或者說是藝術史的角度來品評不同的表現風格，而不能僅以個人喜好來評價優劣高低。正如張之屏在評價優劣的過程中反對偏執一詞，提倡辯證地看待問題，稱「是故精於鑒賞者，斷不能以一格拘也。畫有名貴、野逸兩派，字亦有士氣、作家二種。畫之兩派，不妨分途；字之二種，貴能兼勝。士氣多風采，或不免單薄；作家優於氣象，或失於粗獷。二者雖各有其特長，各有其弱點，能兼之，斯綽然大家矣！」〔註63〕

〔註62〕張宗祥《書學源流論》，《歷代書法論文選續編》，上海書畫出版社2004年12月，第900頁。

〔註63〕張之屏《書法真詮 墨妙第十二》崔爾平編《明清書論集》，上海辭書出版社，2011年8月，第1487頁。

餘論：民國書法理論轉型對於當代書法研究的啟示

　　第一，從觀念上看，古代書法研究一個很明顯的特點是與政治、道德、文字學、文學交織在一起，無論是書法創作還是書法理論研究方面，都受到以上內容的影響或約束，而民國時期從理論上看已經呈現明顯的書法學科獨立傾向。部分學者提倡培養專門的書法專業人才，科學的、實驗的現代教學方式在中小學開始得到運用，加之「美育」理念在當時極為重視，應該說當時的人文環境對書法學科建設十分有利，這都為六十年代我國書法學科的建設打下了堅實的基礎。1963 年國立藝專（中國美院的前身）潘天壽、陸維釗等人首次開辦書法專業，從此，書法作為一門獨立的專業出現在現代高等教育體系之中，這也為當今書法成為真正意義上的獨立學科做好重要鋪墊。從學理上尋求書法學科的獨立性，對書法發展的方向產生極其深刻的影響，一方面使得書法研究更為純粹，書法本身的價值、書法的發展與變遷、書法創作及品評觀念、書寫技術等內容將會被更加深入地發掘和研究；同時，書法學科的獨立意味著對文字、文學的擺脫，尤其是會大大消弱古代書法附有的文學性、自然書寫性等性能特徵，有可能使得書法在形式化、造型化道路上越走越遠。如何客觀合理地看待這種重大變化以及如何在兩條道路之間進行選擇，需要我們打破慣性思維從藝術的角度、從文化的角度深入思考。

　　第二，從內容上看，民國時期關於碑學和帖學關係的討論為六十年代著名的蘭亭論辯埋下了伏筆，1965 年南京出土《王興之夫婦墓誌》、《謝鯤墓誌》，1972 年新疆出土寫本《三國志》殘卷，墓石上的字體與神龍《蘭亭》、定武《蘭

亭》筆跡迥殊，因此郭沫若等人據此論證蘭亭序是偽作，高二適、章士釗等人則認為不能簡單根據一些墓誌、殘卷來判斷當時的書法風格，這場論辯實際上還是屬於民國以來碑帖論辯的範疇。而當時學者做出大量書法美學研究成果為八十年代書法美學大討論提供重要的理論支持，1979 年劉綱紀《書法美學簡論》的出版發行揭開書法美學大討論的序幕，接著一批書法理論家圍繞書法美的本質展開討論，白謙慎、陳振濂、陳方既、周俊傑、李澤厚等二十多人專家學者都參與其中，從思想根源上講，這一次書法美學大討論正是民國學者對書法本質思考的一種延續。

第三，從方法上看，民國書法關於創作以及品評的觀念具有哲學反思意味，很重要的一個傾向是對新事物的積極態度，以及對科學對未知的探索精神，這為我們當下的書法創作和書法品評提供重要的參考。從重視藝術創作原理的弘一、豐子愷，到八十年代倡導「理念先行」現代派書法，書法藝術的視覺性及其造型特點逐步凸顯，我們從中能夠找到中國書法由古典到現代轉型的一種內在聯繫，這為當下的書法創作和書法研究的突變提供理論上的支持。此外，民國書法品評觀念透露出尋求藝術普遍規律以及統一的書法品評標準的傾向，而近幾年關於「書法評價體系」的討論十分活躍，說明民國學者積極討論的書法評價標準至今仍未從理論上獲得確立。民國時期明確反對以時代論書以及以派別論書，並且已經有過詳細論證，但在當下的書法展賽評價中卻依然以此為標準，由此更能看出當下的書法品評模式急需改進。

最後，民國時期書法理論的轉型隨著社會政權更替戛然而止，十分可惜。但 20 世紀八九十年代興起的書法熱潮讓書法理論研究逐漸與前人形成銜接，最近十年國學受到空前重視，書法走向世界，與其他國家的藝術門類形成互動，早在一百年前的民國時期，著名學者如蔣彝、林語堂等已經開始向世界推廣書法文化，當下具備更為優越的社會環境，書法理論研究理應更上層樓，當時學者的獨到眼光和寬闊的視野尤其值得我們學習。

主要參考文獻

1、書畫類叢書以及書法史專著

1. 《中國書法全集》榮寶齋 1993 年版。

2. 《中國美術全集‧書法篆刻編 1》，人民美術出版社 1987 年版。

3. 《中國現代美術全集‧書法》，河北美術出版社 1998 年版。

4. 《中國書畫全書》，上海書畫出版社 2000 年版。

5. 《歷代書法論文選》，上海書畫出版社 1979 年版。

6. 《歷代書法論文選續編》，上海書畫出版社 1993 年版。

7. 《明清書法論文選》，上海書畫出版社 1994 年版。

8. 《蘭亭論辨》，文物出版社 1973 年版。

9. 《蘭亭論集》，蘇州大學出版社 2000 年版。

10. 《書學論集》（中國書學研究會論文選集），上海書畫出版社 1985 年版。

11. 潘伯鷹《中國書法簡論》，上海人民美術出版社 1981 年版。

12. 王鎮遠《中國書法理論史》，黃山書社 1900 年版。

13. 陳振鐮《書法學》，江蘇教育出版社 1992 年版。

14. 陳振鐮《現代中國書法史》，河南美術出版社 1996 年版。

15. 陳振鐮《書法史學教程》，中國美術學院出版社 1997 年版。

16. 姜澄清《中國書法思想史》，河南美術出版社 1994 年版。

17. 朱仁夫《中國現代書法史》，北京大學出版社 1990 年版。

18. 孫詢《民國書法史》，江蘇教育出版社 1998 年版。

19. 鄭一增《民國書論精選》，西泠印社出版社，2011 年版。

20. 郭舒權《民國書法史論》，上海人民美術出版社，2001 年版。

2、相關文化學術方面的著述

1. （唐）孫過庭《書譜》。

2. （唐）張彥遠《法書要錄》。

3. 《余紹宋日記》，北京圖書館出版社 2003 年版。

4. 丁文雋《書法精論》，人民美術出版社，2007 年版。

5. 章太炎《國故論衡》，上海古籍出版社 2003 年版。

6. 葉昌熾撰、柯昌泗評，陳公柔、張明善點校《語石·語石異同評》，中華書局 1994 年版。

7. 張宗祥《張宗樣書學論叢》，浙江美術學院出版社 1992 年版。

8. 余紹宋《書畫書錄解題》，浙江人民出版社 1982 年版。

9. 馬宗霍《書林藻鑒·書林記事》，文物出版社 1984 年版。

10. 陳康《書學概論》，上海書店 1900 年版。

11. 啟功《古代字體論稿》，文物出版社 1979 年版。

12. 北京中國書法研究社編、鄭誦先執筆《各種書體源流淺說》，人民美術出版社。

13. 《沙孟海論書文集》，上海書畫出版社 1997 年版。

14. 張蔭麟著，陳潤成、李欣榮編《張蔭麟全集》中卷，清華大學出版社，2013 年版。

15. 滕固著，彭萊選編《滕固論藝》，上海書畫出版社，2012 年版。

16. 林語堂《吾國與吾民》，嶽麓書社，2000 年版。

17. 朱光潛《談美》，中華書局，2012 年版。

18. 《王國維文集》（第四卷），中國文史出版社 1997 年版。

19. 魯西奇、陳勤奮《純粹的學者——王國維》，湖北教育出版社 1999 年版。

20. 李華興、吳嘉勳編《梁啟超選集》，上海人民出版社 1984 年版。

21. 梁啟超《飲冰室合集·文集》，中華書局 1989 年版。

22. 梁啟超《論中國學術思想變遷之大勢》，上海古籍出版社 2001 年版。

23. 丁寧《綿延之維——走向藝術史哲學》，三聯書店 1997 年版。

24. 李澤厚、劉綱紀主編《中國美學史》第一卷、第二卷，中國社會科學出版社 1984 年版。

25. 徐復觀《中國藝術精神》，春風文藝出版社 1987 年版。

26. 宗白華《美學散步》，上海人民出版社，1981 年版。

27. 張萌麟《素癡集》，百花文藝出版社。

28. 鄭曉華《古典書學淺探》，社會科學文獻出版社，1999 年版。

29. 俞劍華《書法指南》，商務印書館，民國二十三年版。

30. 王國維《論哲學家與美術家之天職》，《教育世界》，1905 年版。

31. 王世徵《書道通乎大道——古代書論對書法藝術本質的深刻揭示》，《美與時代》2011 年版。

32. 程大利《書法的筆意與筆力》，《中國書法》2012 年版。

33. 雷文學《王國維的藝術哲學思想》，重慶師範大學學報（哲學社會科學版），2010 年第 5 期。

34. 陳池瑜《中國藝術學學科特徵與發展前景》，《藝術百家》，2007 年 23 期。

35. 張玉能《中國的藝術學發展》，《雲南藝術學院學報》，2009 年 3 期。

36. 馬衡《中國書法何以被視為美術品》，《社會教育季刊》1943 年第 2 期。

37. 胡小石《中國書學史緒論》，《書學》1943 年版。

38. 鄭振鐸《哭佩弦》，《文訊月刊》1948 年第 1 期。

39. 張瑞田《書法是個幽靈》，《紅豆》2013 年第 1 期。

40. 豐華瞻編《豐子愷論藝術》，復旦大學出版社，1984 年版。

41. 黃映愷《20 世紀書法美學的建構與反思》，浙江大學 2007 年博士論文。

42. 李鴻梁《書法是否藝術》，《藝風》（杭州），1935 年第 12 期。

43. 宗白華著，殷曼楟編《宗白華中西美學論集》，南京大學出版社，2009 年

版。

44. 李樸園《什麼是藝術》,《浙江青年》,1934 第 2 期。

45. 李樸園《中國藝術的前途》,《前途》,1933 年第 1 期。

46. 郭沫若《古代文字之辯證的發展》,《考古學報》,1972 年第 1 期。

47. 孫以悌《書法小史》,《史學論叢(北京)》,1934 年第 1 期。

48. 簡濬明《書法的藝術談》,《江西教育》,1934 年第 2 期。

49. 宗白華《美學散步》,上海人民出版社,1981 年版。

50. 汝信,王德勝主編《美學的歷史——20 世紀中國美學學術進程》,安徽
    教育出版社,2000 年版。

51. 郭沫若《古代文字之辯證的發展》,《考古學報》,1972 年第 1 期。

52. 蔣彝《中國書法》,上海書畫出版社,1986 年 1 月第 1 版。

3、民國期刊所載相關書法論文

	作者	論文題目	刊物名	發表時間
1	陳柱	談書法	學術世界	1936 年
2	陳柱	論書法	學術世界	1936 年
3	黃禹石	怎樣編書法教材	浙江小學教育	1936 年
4	葉煒白	書法索原(續)	國專月刊	1936 年
5	新閶小學	書法研究報告(附表)	吳縣教育	1936 年
6	王湘綺(遺著)	論近代名人書法	制言	1936 年
7	柳至川	書法練習之我見	浙東	1936 年
8	周作人	王錫侯的書法精言	逸經	1936 年
9	李壽麟	小學書法心理的研究(附圖)	實驗研究月刊	1936 年
10	李肖白	青年與職業:青年書法指導	綱繆月刊	1936 年
11	樓次善	書法教學中的兩個實際問題	教師之友(上海)	1936 年
12	陳柱	與姜生志純論書法書	國專月刊	1936 年
13	章太炎	章太炎先生與金祖同論甲骨文書	唯美	1936 年
14	陳選善	世界著名教育雜誌摘要:楷書體書法的評價(附表)	教育雜誌	1936 年
15	陳鼎吉	最近五年來中國之書法教學實驗報告(未完)(附表)	教育研究通訊	1936 年

16	東方望	創造中國話書法拉丁化字母總方案	動向（上海）	1936 年
17	李肖白	教育方面當前最嚴重的一個問題：要改善書法，先要改善制度	綢繆月刊	1936 年
18	湖中小（提）	第四屆試驗研究會議會議錄：第三次會議：丁、關於教學方面的：四二、編訂書法教材的研究	浙江教育	1936 年
19	許鐵豐	書法之研究	青年生活（上海）	1935 年
20	劉澤民	書法芻議	聖公會報	1935 年
21	許鐵豐	書法之研究（續）	青年生活（上海）	1935 年
22	陳海涵	書法遺傳之研究	華年	1935 年
23	李鴻梁	書法是否藝術？	藝風	1935 年
24	陳海涵	書法遺傳之研究（續）	華年	1935 年
25	李肖白	一般：書法研究	綢繆月刊	1935 年
26	應人	中國語書法拉丁化方案之介紹	新社會	1935 年
27	張文正	中國語書法拉丁化述要	眾志月刊	1935 年
28	華剛	由義務教育的實施談到中國語書法拉丁化	第一線	1935 年
29	王岫琛	書法自由練習與臨帖練習之比較實驗（附表）	安徽教育輔導旬刊	1935 年
30	徐則敏	書法量表的研究（附表）	進修半月刊	1934 年
31	岩瀨六郎、原田正雄（合著）、馥素（譯述）	書法學習原論（續）	開封實驗教育	1934 年
32	李肖白	一般：書法問題簡論	綢繆月刊	1934 年
33	曹仞千、沈冠群	書法進步與練習時間分配之關係（附圖表）	松江縣教育季刊	1934 年
34	黃學周	現代問題專論（第五篇）：中國文字澈底改革談：隸書（中國文字簡易化改革之第一轉機	大眾畫報	1934 年
35	臧鯤	書法論	無錫國專季刊	1933 年
36		書法運動	協大消息	1933 年
37	昭蒙	中國語的書法運動	民眾週刊（濟南）	1933 年
38	蕭（著）、焦風（譯）	中國語書法之拉丁化（附表）	國際每日文選	1933 年

39	汪澐千波	書法管見（續）	藝林月刊	1933 年
40	盧文迪	中國語書法的拉丁化與民眾教育（附表）	教育新路	1933 年
41	新聞小學	二年級書法臨寫與映寫的比較研究：一個實驗的報告（附表）	吳縣教育	1933 年
42	汪正心	書法研究社概況	蕙蘭	1932 年
43	潛園居士	書法十要	縣村自治	1932 年
44	束樵如	小學書法教學之研究（附表）	教育實驗	1932 年
45	葉曉初、方四海	練習大楷對於書法效率之實驗研究（附表）	浙江教育行政週刊	1932 年
46	陶履通	國學述要：小學書法教師應閱讀的一個最低限度的書目	廣東省立小學教員補習函授學校月刊	1932 年
47	自在	黨國當軸之書法	國聞週報	1932 年
48	白蕉	書法研究：關於習字	通問月刊	1931 年
49	顧耀君（述）	書法概要	湖社月刊	1931 年
50	陳濟浩	書法之生理的基礎（附圖）	教育建設（上海）	1931 年
51	李肖白	書法研究：談談讀帖問題（附圖表）	通問月刊	1931 年
52	醒塵選迷	書法論壇：書法論	字學雜誌	1930 年
53	劉芝里	論書法	蜜蜂	1930 年
54	顧燮光	論書法源流	聯益之友	1930 年
55	王維城	書法論壇：論書筆記	字學雜誌	1930 年
56	張振彭	書法藝術關係人生論	字學雜誌	1930 年
57	劉德旭	用何法能使書法藝術盡人皆學	字學雜誌	1930 年
58	杜佐周	書法的心理	教育雜誌	1929 年
59	顧燮光	書法偶談	聯益之友	1929 年
60	頌堯	書法的科學解釋（附圖）	婦女雜誌（上海）	1929 年
61	農隱	談談書法的範本（附表、石刻）	婦女雜誌（上海）	1929 年
62	胡丙禪	藝術中書法之我見	聯益之友	1929 年
63	朱慕周	小學書法臨映試驗研究（附圖表）	教育雜誌	1929 年
64	王乃健	書法教學法底研究：貢獻一個遊戲式的書法練習法（附圖表）	市教育	1929 年
65		書法比較（附書法）	美育雜誌	1928 年

66	葛雄心	國語科教學問題：書法的教學法	徐匯師範校刊	1928 年
67	呂咸	書學源流考略	書學	1945 年
68	蔣星煜	顏氏書學辨正	書學	1945 年
69	朱錦江，許世英	說墨、書學偶筆	書學	1945 年
70	祝嘉	書學格言	書學	1945 年
71	祝嘉	書學史自序	書學	1945 年
72	陳公哲	小學書學教育之基礎	書學	1945 年
73	于右任	祝嘉書學史序	書學	1945 年
74	李心莊	書學之天才與功力	書學	1945 年
75	蔣星煜	顏魯公之家世與書學（附表）	書學	1945 年
76	祝嘉	書學之高等教育問題	書學	1944 年
77	向紹軒	從書學中窺見中西民族文化異同之一斑	書學	1944 年
78	蔣星煜	藝文書談：顏魯公系書學家之成就	讀書通訊	1944 年
79	李心莊	書學與人生	書學	1943 年
80	胡小石	中國書學史緒論	書學	1943 年
81	沙孟海	近三百年書學	三六九畫報	1943 年
82	劉季洪	中國書學教育問題	書學	1943 年
83	祝嘉	藝文叢談：怎樣復興我們的書學	讀書通訊	1943 年
84	王岑伯	書學史	教育月刊（哈爾濱）	1929 年
85	錢名山	名山書論	萬象	1942 年
86	李屋	草書論	光化	1944 年
87	米齋	黃石齋論書	南金（香港）	1947 年
88	張宗祥	論書絕句	書學	1944 年
89	芸芸	前賢論書語錄	國藝	1940 年
90	姚宏文	自在軒論書	會報	1928 年
91	黃鴻圖	釋堂論書雜著	東方雜誌	1930 年
92	沈曾邁	記吳缶廬論書瑣聞	學風（安慶）	1937 年
93	張宗祥	與吳敬生兄論書	書學	1943 年
94	張祖翼（遺著）	論書十則（續）	華北畫刊	1931 年

95	王賢	愧吾廬隨筆：論書派之爭	湖社月刊	1927 年
96	陳柱	傅青主論書粹語上	學術世界	1936 年
97	朱大可	論書斥包慎伯康長素	東方雜誌	1930 年
98	馬厚文	阮元論南北書派	光華附中半月刊	1934 年
99	蝸牛居士	學書秘訣	佛學半月刊	1936 年
100	沈子善	學書捷要	書學	1944 年
101	彭醇士	學書詹言	書學	1943 年
102	楊玉良	學書概論	湖社月刊	1931 年
103	楊守敬（述）	學書邇言（續）	輔仁美術月刊	1933 年

致　謝

　　終於捱到寫致謝部分的時候了，心中百般滋味油然而生，有一絲釋然，更有一些遺憾與失落。釋然當是求學之路暫告一段落，緊張的情緒變得放鬆下來；遺憾則是而立之年已過卻依然平庸如舊深感慚愧，那失落應該是與朝夕相處的老師同學即將離別有感而發。

　　回想來人民大學讀博這幾年來的點點滴滴，最讓人難以忘懷的是我的導師、師母還有我的同門。我的導師鄭曉華先生給予我莫大的幫助和支持，他以超乎尋常的人格魅力以及嚴謹的治學態度感染身邊很多的人，在書法藝術實踐方面教導我們取法乎上學歸正道，通過名家教學視頻以及邀請名師講座等各種方式促使我們打開思路、開闊眼界。在書法理論方面引導我們深入研習古人書學思想，每週的理論課都帶領我們逐字逐句地研讀《書譜》、《書斷》等經典書論。在書法教育方面嘗試借鑒現代音樂和美術的教學方式，力求達到科學通行的教學效果，堅持書法教育的國際推廣長達十多年時間，令人敬佩。我的師母駱紅女士對我的關懷和鼓勵也令我感動，她經常以日常生活中的事情為例教給我們為人處事的道理。還有我的眾多同門給予我學習和生活上很多的幫助，多次外出遊覽參觀以及學術上的爭論探討讓我受益匪淺，尤其要感謝我的同學向淨卿博士，他多次參與討論我的論文寫作，為此付出寶貴的時間和精力，提出很多具有建設性的意見。

　　此外，論文開題以及論文答辯過程中陳傳席、丁方、陳池瑜、任平、鄭工、王旭曉、馬薾飛、王文娟等老師為我指出很多重要的問題並提出建議，藝術學院的文靜老師不厭其煩地協調各種事宜幫助我完成這項工作，對於他們的付出再次表示真摯的感謝。

　　我還想借此機會感謝我的母親，二十多年來我的母親獨自一人支撐一個家庭，我從她的身上學會了擔當和勇敢。同樣感謝我的妻子，在撰寫論文期間，我的妻子默默地承擔和付出，鼓勵和支持我順利完成學業。當然還必須感謝很多親人、老師和朋友，感謝一路走來你們對我的關心和幫助！

　　最後想說的是，由於我自身能力有限，我的論文還存在諸多問題，真誠希望得到大家的批評指正。